W0068664

Dr. Christian Rauda /
Dr. Jochen Zenthöfer

25 Fälle

Sachenrecht

Wir machen die Fälle.

In den folgenden 25 Fällen haben wir typische Klausurprobleme berücksichtigt. Die Lösungen sind im Gutachtenstil gehalten, also genau so, wie man es in einer Klausur machen muss.

Die Reihe „25 Fälle" umfasst acht Bände – schauen Sie sich auch einmal die anderen Bücher an, zum Beispiel zum Verwaltungsrecht oder Strafrecht AT / BT.

Schreiben Sie uns bitte bei Fragen, Anregungen und Kritik:
autoren@rauda-zenthoefer.de

Christian Rauda   *Jochen Zenthöfer*

Dr. Christian Rauda ist Rechtsanwalt in Hamburg und Lehrbeauftragter verschiedener Hochschulen, u.a. der Johannes-Gutenberg-Universität Mainz.

Dr. Jochen Zenthöfer war AG-Leiter im Zivilrecht an der Humboldt-Universität zu Berlin und ist heute in Luxembourg tätig.

COPYRIGHT: Richter-Verlag
Hans-Peter Richter
Paul-Schroeder-Straße 18
24229 Dänischenhagen
Tel. 04349-1725
Fax 04349-571
e-mail: RICHTER-VERLAG@t-online.de

Druck und Verarbeitung: Druckerei Schmidt & Klaunig, Kiel

Alle Rechte vorbehalten. Nachdruck, Verwertung, auch auszugsweise, jegliche photomechanische Wiedergabe etc. nur mit ausdrücklicher Zustimmung des Verlegers.

Weitere Bücher dieser Reihe sind erhältlich über den Buchhandel oder direkt vom Verlag.

4. Auflage 2016

ISBN 978-3-935150-64-4

Inhaltsverzeichnis

Klausur   **Seite**

– 1. Kapitel: Mobiliarsachenrecht –   1

01   Herausgabeansprüche I   3
§§ 985, 861 I, 1007 I, 1007 II, 823 I i.V.m. 249 I, 812 I 1 Var.1 und 2

02   Herausgabeansprüche II   10
§§ 985, 861 I, 1007 I, 1007 II; Übergabesurrogat nach § 930, Erbfall

03   Herausgabeansprüche III   14
§§ 985, 861 I für mittelbaren Besitzer, GoA, 812 I 1, 816 I 1, EBV

04   Herausgabeansprüche IV   25
§§ 985, Eigentumsvorbehalt, Einbau nach § 946, mittelbarer Besitz

05   Rechtsgeschäftlicher Eigentumserwerb I   29
Fräsmaschinenfall: Eigentumsvorbehalt, gutgl. Erwerb, Nebenbesitz

06   Rechtsgeschäftlicher Eigentumserwerb II   34
Eigentumsvorbehalt, Bedingungseintritt nach § 161, gutgl. Erwerb

07   Rechtsgeschäftlicher Eigentumserwerb III   37
Herausgabe von Geldscheinen, gutgl. Erwerb, „Abhandenkommen"

08   Gesetzlicher Eigentumserwerb I   40
Verarbeitung, Abdingbarkeit von § 950, Ansprüche aus § 951

09   Gesetzlicher Eigentumserwerb II   43
Fund (§§ 965 ff.), GoA, Probleme des Besitzes, Vertragsschluss

10   Eigentümer – Besitzer – Verhältnis I   47
Schadensersatz, Verwendung, Besitzrecht aus § 1000, Aufrechnung

11   Eigentümer – Besitzer – Verhältnis II   52
Eigentumsübertragungen, § 1000, Verwendungen, GoA, § 994

12   Nachbarrecht   60
Unterlassungsanspruch § 1004, Störerbegriffe, Duldungspflichten

13 Anwartschaftsrecht   67
Erstarken zum Vollrecht Eigentum, § 161 III i.V.m. §§ 932 ff.

14 Spezialprobleme I   71
Anspruch aus § 816 II, Globalzession, Übersicherung, gute Sitten

15 Spezialprobleme II   74
Geheißerwerb und Scheingeheißerwerb, Anfechtung, Täuschung

16 Spezialprobleme III   78
Eigentumserwerb: § 1242 (Versteigerung), Zwangsvollstreckung

17 Spezialprobleme IV   86
Vermieterpfandrecht, Anwartschaftsrecht, Pfändbarkeit nach ZPO

– 2. Kapitel: Immobiliarsachenrecht –   95

18 Rechtsgeschäftlicher Grundstückserwerb   96
Erwerb vom Berechtigten und vom Nichtberechtigten, § 13 II GBO

19 Vormerkung   99
Entstehung, gutgläubiger Ersterwerb, gutgläubiger Zweiterwerb

20 Hypothekenrecht I   105
Entstehung, Eigentümergrundschuld, Erwerb einer Hypothek

21 Hypothekenrecht II   108
Einreden gegen die Hypothek, „Regresswettlauf", § 426

22 Hypothekenrecht III   111
Entstehung, Abtretung einer Hypothek, Einrede der Stundung

23 Grundschuld I   115
Anwendbarkeit von Vorschriften des Hypothekenrechts, Erwerb

24 Grundschuld II   118
Anwaltsklausur: Umwandlung, Abtretung, Verzicht oder Aufhebung?

25 Grundschuld III   120
Allgemeine Geschäftsbedingungen, Anlassrechtsprechung des BGH

1. Kapitel:
Fälle zum Recht der beweglichen Sachen
(Mobiliarsachenrecht)

I. Herausgabeansprüche

Prüfungsaufbau wichtiger sachenrechtlicher Herausgabeansprüche

I. Herausgabeansprüche des Eigentümers gegen den unrechtmäßigen Besitzer aus § 985

1. Anspruchsteller ist Eigentümer.
2. Anspruchsgegner ist Besitzer.
3. Anspruchsgegner hat kein Recht zum Besitz nach § 986.

II. Herausgabeanspruch des früheren Besitzers gegen den Besitzer aus § 861

1. Verbotene Eigenmacht gemäß § 858.
2. Anspruchsteller war früher Besitzer.
3. Anspruchsgegner ist fehlerhafter Besitzer i.S.d. § 858 II.
4. kein Ausschluss nach § 861 II (vorbesitzender Anspruchsteller hat ebenfalls fehlerhaft besessen).
5. kein Erlöschen nach § 864 (Verjährung, Gerichtsurteil).

III. Herausgabeanspruch wegen besseren Besitzrechts gemäß § 1007 I

1. Anspruchsteller war früher Besitzer (unmittelbar oder mittelbar).
2. Anspruchsgegner ist Besitzer.
3. Bösgläubigkeit des Anspruchgegners bei Besitzerwerb (nach § 932 II analog).
4. kein Ausschluss nach § 1007 III bzw. II:
   a) Anspruchsteller war bezüglich des früheren Besitzerwerbs selbst bösgläubig (§ 1007 III 1 Var.1)
   b) Anspruchsteller hat den Besitz freiwillig aufgegeben (§ 1007 III 1 Var.2)
   c) Anspruchsgegner hat ein besseres Recht zum Besitz
   aa) nach §§ 1007 III 2, 986,
   bb) durch Erlangung des Eigentums (§ 1007 II 1)
   oder eines Anwartschaftsrechts,
   cc) wenn dem Anspruchsgegner die Sache ursprünglich abhanden gekommen war, § 1007 II 1.

IV. Herausgabeanspruch wegen besseren Besitzrechts gemäß § 1007 II

1. Anspruchsteller war früherer Besitzer (unmittelbar oder mittelbar).
2. Anspruchsgegner ist Besitzer.
3. dem früheren Besitzer ist die Sache abhanden gekommen.
4. kein Ausschluss nach § 1007 III bzw. II:
   a) Anspruchsteller war bezüglich des früheren Besitzerwerbs selbst bösgläubig (§ 1007 III 1 Var.1),
   b) Anspruchsgegner hat ein besseres Recht zum Besitz
      aa) nach §§ 1007 III 2, 986,
      bb) durch Erlangung des Eigentums (§ 1007 II 1)
         oder eines Anwartschaftsrechts,
      cc) wenn dem Anspruchsgegner die Sache ursprünglich abhanden gekommen war (§ 1007 II 1).

Prüfungsaufbau weiterer wichtiger Herausgabeansprüche

I. Herausgabeanspruch des Eigentümers aus §§ 823 I, 249 I (Naturalrestitution)

1. Verletzung des in § 823 I genannten Rechtsguts Eigentum.
2. Handlung / pflichtwidriges Unterlassen.
3. Haftungsbegründende Kausalität zwischen Handlung und Verletzung.
4. Rechtswidrigkeit.
5. Vertretenmüssen (§ 276).
6. Schaden.
7. Haftungsausfüllende Kausalität zwischen Verletzung und Schaden.

Rechtsfolge: Schadensersatz im Wege der Naturalrestitution nach § 249 I.

II. Herausgabeanspruch aus § 812 I 1 Var.1. (Leistungskondiktion)

1. Etwas erlangt (jeder vermögenswerte Vorteil).
2. durch Leistung (bewusste und zweckgerichtete Mehrung fremden Vermögens)
3. ohne rechtlichen Grund.

Sachverhalt

E fragt seinen Kommilitonen V, ob dieser ihm für die Abschlussklausuren die beiden Richter-Skripte *Staatshaftungsrecht* und *25 Fälle zum Schuldrecht* ausleihen könne. V verleiht daraufhin die Bücher an E, der sie nach einer Woche konsequenten Durcharbeitens an seine Freundin F weiter verleiht. Als E die Bücher an F übergibt, werden die beiden vom listigen Kommilitonen L heimlich beobachtet. L muss sich ebenfalls dringend auf die Abschlussklausuren vorbereiten, ist aber zu faul, in die Buchhandlung zu gehen. L spricht in der Bibliothek die mit den Büchern lernende F an und fragt sie, ob er ihr das Fallbuch zum doppelten Neupreis abkaufen könne. Durch dieses Angebot verlockt, verkauft F das Fallbuch an L.

anderes Buch:

Als F bei einem Gang zum WC das Buch *Staatshaftungsrecht* auf ihrem Platz liegen lässt, nimmt L es einfach mit. Er veräußert es am folgenden Tag an den nichts ahnenden N.

Am nächsten Tag streiten sich E und F so sehr, dass E sich von seiner Freundin trennt und die Bücher zurückverlangt. Als E durch Zufall erfährt, dass sich die Bücher bei L und N befinden, verfällt er in blinde Raserei.

Nachdem er sich beruhigt hat, fragt er Sie, ob er Ansprüche auf Herausgabe der Bücher gegen L und N hat, ohne die Sache V beichten zu müssen.

Lösung

Erster Teil: Ansprüche auf Herausgabe des Fallbuches
I. Anspruch des E gegen L auf Herausgabe des Fallbuches aus § 985
E könnte gegen L einen Anspruch auf Herausgabe des Buches *25 Fälle zum Schuldrecht* aus § 985 haben.

Dazu müsste eine Vindikationslage vorliegen (§§ 985, 986). E müsste Eigentümer und L unrechtmäßiger Besitzer sein. V hat das Buch an E nur verliehen. E ist nicht Eigentümer.

Ergebnis: Mangels Vindikationslage besteht kein Herausgabeanspruch des E gegen L aus § 985.

II. Anspruch des E gegen L auf Herausgabe des Fallbuches aus § 861 I

E könnte gegen L einen Anspruch auf Herausgabe des Buches *25 Fälle zum Schuldrecht* aus § 861 I haben.

1. Fraglich ist, ob E als mittelbarer Besitzer überhaupt einen Anspruch aus § 861 geltend machen kann. **Mit "Besitzer" in § 861 ist nur der unmittelbare Besitzer gemeint.** Allerdings bestimmt § 869, dass die in den §§ 861, 862 bestimmten Ansprüche auch dem mittelbaren Besitzer zustehen. Folglich kann E im vorliegenden Fall grundsätzlich den Anspruch aus § 861 geltend machen.

2. Es müsste zunächst der unmittelbaren Besitzerin F der Besitz durch verbotene Eigenmacht gemäß § 858 I entzogen worden sein. Verbotene Eigenmacht liegt vor, wenn dem Besitzer ohne seinen Willen der Besitz entzogen worden ist. F übertrug den Besitz jedoch willentlich auf L, so dass keine verbotene Eigenmacht vorliegt.

Ergebnis: Folglich scheidet ein Anspruch des E gegen L aus § 861 I auf Herausgabe des Buches *25 Fälle zum Schuldrecht* aus.

III. Anspruch des E gegen L auf Herausgabe des Fallbuches aus § 1007 I

E könnte gegen L einen Anspruch auf Herausgabe des Buches *25 Fälle zum Schuldrecht* aus § 1007 I haben. Für diesen Anspruch kommt es darauf an, wer das bessere Recht zum Besitz hat.

1. E müsste das Buch früher im Besitz gehabt haben. Indem E das Buch von V auslieh, wurde er unmittelbarer Fremdbesitzer. Damit hatte E das Buch früher in seinem Besitz.

2. Das Buch ist mittlerweile im Besitz des Anspruchsgegners L. L müsste beim Erwerb des Besitzes **bösgläubig** gewesen sein (§ 1007 I). Nach § 932 II analog ist bösgläubig, **wem bekannt oder grob fahrlässig unbekannt ist, dass er unrechtmäßiger Besitzer ist.** L hat mitbekommen, dass E das Buch F nur geliehen hatte. Er wusste folglich, dass F nicht befugt war, den Besitz am Buch zu übertragen. L war also bösgläubig. Die Voraussetzungen von § 1007 I liegen vor.

3. Der Anspruch könnte allerdings nach § 1007 III bzw. II ausgeschlossen sein.

a) Es könnte ein **Ausschluss nach § 1007 III 1 Var.1** bestehen. Dies setzt voraus, dass der Anspruchsteller bezüglich des früheren Besitzerwerbs selbst bösgläubig war. E hat den Besitz vom Eigentümer V erhalten. Er war also bezüglich seines eigenen Besitzerwerbs nicht bösgläubig. Der Anspruch ist daher nicht gemäß § 1007 III 1 Var.1 ausgeschlossen.

4

b) Der Anspruchsteller E könnte den Besitz **freiwillig** aufgegeben haben, so dass der Herausgabeanspruch nach § 1007 III 1 Var.2 entfallen würde. Zwar hat E den unmittelbaren Besitz freiwillig an F übertragen. Insoweit scheint § 1007 III 1 Var.2 einschlägig zu sein. Allerdings ist darauf abzustellen, dass E der mittelbare Besitz verblieb. Diesen hat er nicht freiwillig aufgegeben. Erst indem F das Buch veräußerte, **schwang sie sich zur Eigenbesitzerin** auf. Damit verlor E seinen mittelbaren Besitz. Dies geschah ohne den Willen des E. Daher hat E den mittelbaren Besitz, auf den hier maßgeblich abzustellen ist, nicht freiwillig i.S.d. § 1007 III 1 Var.2 verloren. Folglich ist der Anspruch nach dieser Vorschrift nicht ausgeschlossen.

4. Ferner dürfte L als Anspruchsgegner kein besseres Recht zum Besitz haben.
a) L hat gegenüber E kein Recht zum Besitz. Daher kommt kein Ausschluss aufgrund von §§ 1007 III 2, 986 in Betracht.

b) Ausgeschlossen wäre der Herausgabeanspruch auch nach § 1007 II 1, wenn L Eigentum erlangt hatte. Sein Eigentumserwerb nach §§ 929 S.1, 932 I 1 scheitert jedoch an der oben festgestellten Bösgläubigkeit gemäß § 932 II.

Ergebnis: E hat gegen L einen Anspruch auf Herausgabe des Buches *25 Fälle zum Schuldrecht* aus § 1007 I.

IV. Anspruch des E gegen L auf Herausgabe des Fallbuches aus § 1007 II
E könnte gegen L einen Anspruch auf Herausgabe des Buches *25 Fälle zum Schuldrecht* aus § 1007 II haben.
Ebenso wie bei § 1007 I ist entscheidend, wer das bessere Recht zum Besitz hat. E war früherer Besitzer und L ist augenblicklicher Besitzer. Dem früheren Besitzer, also E, müsste das Buch abhanden gekommen sein. F hat als Besitzmittlerin des E die Sache weggegeben. Dies stellt kein Abhandenkommen dar.

Ergebnis: E hat gegen L keinen Anspruch auf Herausgabe des Buches *25 Fälle zum Schuldrecht* aus § 1007 II.

V. Anspruch des E gegen L auf Herausgabe des Fallbuches aus § 812 I 1 Var.1 (Leistungskondiktion)

E könnte gegen L einen Anspruch auf Herausgabe des Fallbuches aus § 812 I 1 Var.1 haben. Dazu müsste L etwas rechtsgrundlos durch Leistung von E erlangt haben. L hat zwar den Besitz am Buch *25 Fälle zum Schuldrecht* erlangt. Dies geschah allerdings nicht durch Leistung des E.

Ergebnis: Folglich scheidet ein Herausgabeanspruch aus § 812 I 1 Var.1 aus.

VI. Anspruch des E gegen L auf Herausgabe des Fallbuches aus § 812 I 1 Var.2 (Eingriffskondiktion)

E könnte gegen L einen Anspruch auf Herausgabe des Buches aus § 812 I 1 Var.2 haben. Dazu müsste L etwas rechtsgrundlos auf Kosten des E erlangt haben. L hat zwar den Besitz am Buch *25 Fälle zum Schuldrecht* erlangt. Der Besitz dürfte aber wegen des Vorrangs der Leistungskondiktion vor der Nichtleistungskondiktion von niemandem geleistet worden sein. Leistung ist jede bewusste und zweckgerichtete Mehrung fremden Vermögens. Indem F das Buch an L veräußerte, mehrte sie bewusst und zweckgerichtet sein Vermögen.

Ergebnis: Infolge dieser Leistung des Besitzes von F an L scheidet wegen des Vorrangs der Leistungskondiktion ein Herausgabeanspruch aus § 812 I 1 Var.2 aus.

Zweiter Teil: Ansprüche auf Herausgabe von *Staatshaftungsrecht*

I. Anspruch des E gegen N auf Herausgabe des Buches *Staatshaftungsrecht* aus § 985

E könnte gegen N einen Anspruch auf Herausgabe des Buches *Staatshaftungsrecht* aus § 985 haben.

Dazu müsste eine Vindikationslage vorliegen (§§ 985, 986). E müsste Eigentümer und N unrechtmäßiger Besitzer sein. Indem E das Buch von V nur ausgeliehen hat, ist er nicht Eigentümer.

Ergebnis: Mangels Vindikationslage besteht kein Herausgabeanspruch des E gegen N aus § 985.

II. Anspruch des E gegen N auf Herausgabe des Buches *Staatshaftungsrecht* aus § 861 I

E könnte gegen N einen Anspruch auf Herausgabe des Buches *Staatshaftungsrecht* aus § 861 I haben. Wie bereits gezeigt, kann E als mittelbarer Besitzer aufgrund der Vorschrift des § 869 auch den Anspruch des § 861 geltend machen.

1. N müsste den Besitz der unmittelbaren Besitzerin F durch verbotene Eigenmacht gemäß § 858 I entzogen haben. Verbotene Eigenmacht liegt vor, wenn dem Besitzer ohne seinen Willen der Besitz entzogen worden ist. N hat F den Besitz nicht direkt entzogen. Verbotene Eigenmacht wurde nicht durch N, sondern durch L verübt.

2. N könnte jedoch die Fehlerhaftigkeit des von L durch verbotene Eigenmacht erlangten Besitzes gegen sich gelten lassen müssen. Dazu müssten die Voraussetzungen des § 858 II 2 vorliegen. Danach muss ein Nachfolger im Besitz die verbotene Eigenmacht seines Vorgängers gegen sich gelten lassen, wenn er die Fehlerhaftigkeit des Besitzes kennt. N ahnte nicht, dass L das Buch gestohlen hat. Er muss daher die von L verübte verbotene Eigenmacht nicht gegen sich gelten lassen. Mangels verbotener Eigenmacht scheitert ein Anspruch aus § 861 I.

Ergebnis: E hat gegen N keinen Anspruch auf Herausgabe des Buches *Staatshaftungsrecht* aus § 861 I.

III. Anspruch des E gegen N auf Herausgabe des Buches *Staatshaftungsrecht* aus § 1007 I

E könnte gegen N einen Anspruch auf Herausgabe des Buches *Staatshaftungsrecht* aus § 1007 I haben. Dazu müsste E ein besseres Besitzrecht als N haben.

E hatte das Buch früher im Besitz. Später war N Besitzer, der den Besitz durch L erlangte. N müsste beim Erwerb des Besitzes bösgläubig gewesen sein (§ 1007 I). Nach § 932 II analog ist bösgläubig, wem bekannt oder grob fahrlässig unbekannt ist, dass er unrechtmäßiger Besitzer ist. N hatte keine Ahnung und keine Anhaltspunkte, dass er von L ein gestohlenes Buch erworben hatte. Er war also nicht bösgläubig.

Ergebnis: E hat gegen N keinen Anspruch auf Herausgabe des Buches *Staatshaftungsrecht* aus § 1007 I.

IV. Anspruch des E gegen N auf Herausgabe des Buches *Staatshaftungsrecht* aus § 1007 II

E könnte gegen N einen Anspruch auf Herausgabe des Buches *Staatshaftungsrecht* aus § 1007 II haben. Ebenso wie im Rahmen von § 1007 I ist entscheidend, wer das bessere Recht zum Besitz hat.

1. Dem früheren Besitzer, also E, müsste das Buch abhanden gekommen sein. Abhanden gekommen ist eine Sache, die der unmittelbare Besitzer ohne oder gegen seinen Willen verloren hat. Der Besitzmittlerin F wurde das Buch von L gestohlen. Ein unfreiwilliger Besitzverlust des Besitzmittlers bedeutet ein Abhandenkommen aus der Perspektive des mittelbaren Besitzes. Die Voraussetzungen von § 1007 II 1 Hs.1 liegen also vor.

2. Der Anspruch könnte allerdings nach § 1007 II 1 Hs. 2 bzw. III ausgeschlossen sein.

a) Indem E den Besitz vom Eigentümer V erhalten hat, besteht kein Ausschluss nach § 1007 III 1 Var.1.

b) Ferner dürfte N als Anspruchsgegner kein besseres Recht zum Besitz haben (§§ 1007 III, 986). N hat lediglich gegenüber L ein Recht zum Besitz. L leitet seinen Besitz allerdings nicht rechtmäßig von einem Vorbesitzer ab, sondern hat sich **den Besitz durch Diebstahl verschafft.** Daher kommt kein Ausschluss aufgrund von §§ 1007 III 2, 986 in Betracht.

c) Ausgeschlossen wäre der Herausgabeanspruch auch nach § 1007 II 1, wenn N Eigentum erlangt hätte. L könnte N das Eigentum wirksam gemäß §§ 929 S.1, 932 I 1 verschafft haben. L hat sich mit N über den Eigentumsübergang geeinigt und das Buch auch übergeben. Die Nichtberechtigung könnte durch guten Glauben gemäß § 932 II überwunden worden sein. Gutgläubig ist nach dieser Vorschrift, wer die wahre Eigentumslage nicht kannte und auch nicht kennen musste. Tatsächlich wusste N nicht, dass es sich bei dem Buch um Diebesgut handelte. Er hatte auch keine Anhaltspunkte dafür, so dass er gutgläubig war. Ein gutgläubiger Erwerb könnte allerdings dennoch aufgrund von **§ 935 I 2** scheitern. Danach können abhanden gekommene Sachen grundsätzlich nicht gutgläubig erworben werden. Das Buch ist abhanden gekommen. Folglich hat N kein Eigentum daran erworben. Der Herausgabeanspruch ist daher nicht gemäß § 1007 II 1 ausgeschlossen.

Ergebnis: E hat gegen N einen Anspruch auf Herausgabe des Buches *Staatshaftungsrecht* aus § 1007 II.

V. Anspruch des E gegen N auf Herausgabe des Buches *Staatshaftungsrecht* aus § 812 I 1 Var.1 (Leistungskondiktion)

E könnte gegen N einen Anspruch auf Herausgabe des Buches *Staatshaftungsrecht* aus § 812 I 1 Var.1 haben. Dazu müsste N etwas rechtsgrundlos durch Leistung von E erlangt haben. N hat zwar den Besitz am Buch *Staatshaftungsrecht* erlangt. Dies geschah allerdings nicht durch Leistung des E.

Ergebnis: Folglich scheidet ein Herausgabeanspruch des E gegen N aus § 812 I 1 Var.1 aus.

VI. Anspruch des E gegen N aus § 812 I 1 Var.2 (Eingriffskondiktion)

E könnte gegen N einen Anspruch auf Herausgabe des Buches aus § 812 I 1 Var.2 haben. Dazu müsste N etwas rechtsgrundlos auf Kosten des E erlangt haben. N hat zwar den Besitz am Buch *Staatshaftungsrecht* erlangt. Der Besitz dürfte aber wegen des **Vorrangs der Leistungskondiktion vor der Nichtleistungskondiktion** von niemandem geleistet worden sein. Leistung ist jede bewusste und zweckgerichtete Mehrung fremden Vermögens. Indem L das Buch an N veräußerte, liegt eine Leistung vor.

Ergebnis: Folglich scheidet wegen des Vorrangs der Leistungskondiktion ein Herausgabeanspruch des E gegen N aus § 812 I 1 Var.2 aus.

Fall 2

Sachverhalt

Der allein stehende Briefmarkensammler A braucht dringend Geld und übereignet daher zur Sicherung eines Darlehens seine alte Briefmarkensammlung von hohem Wert an die Bank. Die Briefmarken liegen weiterhin zuhause in seinem Safe. Als A stirbt, ohne das Darlehen getilgt zu haben, findet sein Sohn und Alleinerbe S die Marken. S, der nichts von der Sicherungsübereignung weiß, veräußert die Sammlung an den Händler H für 30000 Euro.
Die Bank verlangt von H nun die Sammlung heraus. Zu Recht?

Lösung

I. Anspruch der Bank gegen H aus § 985 auf Herausgabe der Briefmarken

Die Bank könnte gegen H einen Anspruch auf Herausgabe der Briefmarkensammlung aus § 985 haben. Dazu müsste eine Vindikationslage vorliegen, d.h. die Bank müsste Eigentümerin und H unrechtmäßiger Besitzer sein.

1. H ist jedenfalls Besitzer der Sammlung.

2. Die Bank müsste Eigentümerin sein.

a) Ursprünglich war A Eigentümer der Briefmarkensammlung.

b) Er könnte sein Eigentum allerdings gemäß §§ 929 S.1, 930 durch Übereignung an die Bank verloren haben. A hat sich mit der Bank über den Eigentumsübergang geeinigt. Als **Übergabesurrogat** wurde gemäß § 930 ein **Besitzmittlungsverhältnis** im Sinne des § 868 vereinbart, wodurch A für die Bank besitzt und einem Herausgabeanspruch der Bank ausgesetzt ist. A war ferner Berechtigter, als er über die Sammlung verfügte. Folglich ist das Eigentum auf die Bank gemäß §§ 929 S.1, 930 übergegangen.

c) Die Bank könnte ihr Eigentum allerdings durch die Übereignung des S an H gemäß § 929 S.1 wieder verloren haben. S hat sich mit H über den Eigentumsübergang geeinigt und die Sammlung auch übergeben.

S muss jedoch darüber hinaus Berechtigter gewesen sein. Berechtigte sind der Eigentümer und der verfügungsbefugte Nichteigentümer. S ist als Erbe des A dessen Gesamtrechtsnachfolger. **Gemäß § 1922 gehen alle Rechte und Pflichten auf S über, also auch das Eigentum.** Im Zeitpunkt seines Todes war A allerdings nicht mehr Eigentümer der Briefmarken, sondern bereits die Bank. Folglich konnte auch kein Eigentum an der Sammlung gemäß § 1922 auf S übergehen. Als Nichteigentümer war S folglich Nichtberechtigter.

d) Gemäß § 932 I 1 ist gleichwohl ein Erwerb möglich, wenn H nicht bösgläubig war. Nicht in gutem Glauben ist gemäß § 932 II, wem bekannt oder grob fahrlässig unbekannt ist, dass der Veräußernde nicht der Eigentümer ist. H hatte keinen Anhaltspunkt dafür, dass S nicht Eigentümer der Marken war. Folglich war H gutgläubig.

Die Sache dürfte dem Eigentümer nicht gemäß § 935 I 1 abhanden gekommen sein.

Möglicherweise ist jedoch der **Ausnahmetatbestand des § 935 II** einschlägig. Die Briefmarken könnten **Inhaberpapiere** darstellen; somit könnte ein Abhandenkommen ausgeschlossen sein. Inhaberpapiere sind Wertpapiere, bei denen der jeweilige Inhaber des Wertpapiers das verbriefte Recht geltend machen kann. Die Einstufung von Briefmarken als Inhaberpapier wird teilweise mit der Begründung abgelehnt, dass Briefmarken kein Leistungsversprechen verkörperten, sondern nur einen Geldersatz darstellen (**„kleines Wertpapier" im Sinne des § 807**).

Die Eigenschaft als Geldersatz ist deutlich gegeben: A gibt die Briefmarken zur Sicherung eines Darlehens an die Bank. Da die Briefmarken eine Sammlung darstellen, ist zudem fraglich, ob diese nicht bereits entwertet sind oder überhaupt noch in der ursprünglichen Funktion einer Briefmarke benutzbar sind. **Zweck der Regelung des § 935 II ist der Verkehrsschutz**: Die Briefmarkensammlung ist anders als einzelne Briefmarken nicht von diesem Zweck erfasst. Sie ist ein Kunstgegenstand von hohem Wert und somit als gewöhnliche zu veräußernde Sache nach § 935 I zu behandeln. Damit ist der Ausnahmetatbestand des § 935 II nicht einschlägig.

Nach § 935 I 2 gilt § 935 I 1 **auch bezüglich des mittelbaren Besitzers**, hier der Bank, wenn die Sache dem unmittelbaren Besitzer abhanden gekommen ist. A war bis zu seinem Tod unmittelbarer Besitzer der Marken, indem er gemäß § 854 die tatsächliche Sachherrschaft willentlich ausübte.

Mit seinem Tode wurde gemäß § 857 sein **Erbe** S zum unmittelbaren Besitzer. S dürfte die Sache nicht abhanden gekommen sein. Abhanden kommen setzt einen Besitzverlust ohne oder gegen den Willen des Besitzers voraus. S hat den Besitz allerdings freiwillig an H im Rahmen der Übergabe verloren. Ihm ist der Besitz folglich nicht abhanden gekommen.

Aus der Sicht der Bank könnte sich allerdings die freiwillige Weggabe durch den Besitzmittler als Abhandenkommen darstellen. Es ist in diesem Zusammenhang jedoch zu bedenken, dass die Bank **selbst mittelbar den Rechtsschein veranlasst**

hat, auf den sich H gutgläubig verlassen hat, nämlich den Besitz des S. Wer als Eigentümer eine Sache freiwillig aus der Hand gibt, geht damit automatisch das Risiko ein, dass der unmittelbare Besitzer seine Kompetenzen überschreitet und die Sache übereignet. In diesem Fall ist das Vertrauen des Rechtsverkehrs schutzwürdiger als das Bestandsinteresse des Eigentümers.

Folglich liegt kein Abhandenkommen gemäß § 935 I 1 vor. Also ist H Eigentümer der Marken geworden.

Ergebnis: Daher hat die Bank gegen H keinen Anspruch auf Herausgabe der Briefmarkensammlung gemäß § 985.

II. Anspruch der Bank gegen H auf Herausgabe der Briefmarken aus § 861 I
Die Bank könnte einen Anspruch gegen H auf Herausgabe der Briefmarken-sammlung aus § 861 I haben.

Fraglich ist, ob die Bank als mittelbare Besitzerin überhaupt einen Anspruch aus § 861 geltend machen kann. Mit "Besitzer" in § 861 ist nur der unmittelbare Besitzer gemeint. Allerdings bestimmt die Vorschrift des § 869, dass die in den §§ 861, 862 bestimmten Ansprüche auch dem mittelbaren Besitzer zustehen. Folglich kann die Bank im vorliegenden Fall grundsätzlich den Anspruch aus § 861 geltend machen.

Es müsste zunächst dem unmittelbaren Besitzer der Besitz durch **verbotene Eigenmacht** gemäß § 858 I entzogen worden sein. Verbotene Eigenmacht liegt vor, wenn dem unmittelbaren Besitzer ohne seinen Willen der Besitz entzogen worden ist. Als Erbe ist S gemäß § 857 mit dem Erbfall Besitzer der Briefmarkensammlung geworden. Indem er die Sammlung an H veräußerte, wurde ihm der Besitz nicht gegen seinen Willen entzogen. Daher liegt keine verbotene Eigenmacht vor.

Ergebnis: Folglich scheidet ein Anspruch der Bank gegen H auf Herausgabe der Briefmarken gemäß § 861 I aus.

III. Anspruch der Bank gegen H auf Herausgabe der Briefmarken aus § 1007 I
Die Bank könnte gegen H einen Anspruch auf Herausgabe der Briefmarken aus § 1007 I haben. Für diesen Anspruch kommt es darauf an, wer das bessere Recht zum Besitz hat. Die Bank müsste die Briefmarkensammlung früher im Besitz gehabt haben. Tatsächlich war die Bank gemäß § 868 mittelbare Besitzerin der Briefmarken-sammlung.

Die Sammlung befindet sich momentan im Besitz des H. H müsste die Marken herausgeben, wenn er beim Erwerb des Besitzes **bösgläubig** war (§ 1007 I). Nach § 932 II analog ist bösgläubig, wem bekannt oder grob fahrlässig unbekannt ist, dass er unrechtmäßiger Besitzer ist. Dafür bestehen bei H keine Anhaltspunkte.

Ergebnis: Folglich scheidet ein Anspruch der Bank gegen H auf Herausgabe der Briefmarken gemäß § 1007 I aus.

IV. Anspruch der Bank gegen H auf Herausgabe der Briefmarken aus § 1007 II
Ein Anspruch auf Herausgabe der Briefmarken könnte der Bank gegen H aus § 1007 II zustehen. Dazu müsste die Sache dem früheren Besitzer abhanden gekommen sein. Fraglich ist daher, ob der Bank der Besitz an der Briefmarkensammlung durch die Veräußerung des S an H **abhanden gekommen** ist. S hat den Besitz freiwillig aufgegeben. Damit liegt kein Abhandenkommen vor.

Ergebnis: Daher steht der Bank gegen H kein Anspruch auf Herausgabe der Briefmarken aus § 1007 II zu.

Fall 3

Sachverhalt

Studentin S bummelt mit ihrer Freundin F durch ein Bekleidungsgeschäft. Um ein Kleid in der Umkleidekabine anzuprobieren, bittet S die F, auf ihre Handtasche aufzupassen, in der sich 500 Euro (in fünf Scheinen zu je 100 Euro), eine Flasche Wasser (Wert: 2 Euro) und fünf Tafeln Zartbitter-Schokolade befinden. Wegen des hohen Wertes des Tascheninhalts, besteht S auf dem Abschluss eines Verwahrungsvertrages. F stimmt dem zu. Kurz darauf entreißt der auf Handtaschen- diebstahl spezialisierte Dieb (D) F die Handtasche. 200 Euro (also zwei Scheine zu je 100 Euro) gibt D aus, um sich einen versilberten Schlagring zu kaufen. Den Inhalt der Wasserflasche entleert er in den Main und wirft die leere Flasche hinterher. Aus den Tafeln der Zartbitter-Schokolade fertigt er eine Mousse au chocolat. Kurz bevor D die Mousse auslöffeln will, wird er von der Polizei gestellt. Die Studentin verlangt die restlichen 300 Euro (also die drei verbliebenen 100 Euro-Scheine) zurück sowie Ersatz für die Flasche Wasser. Als Schokofreundin und Schmucksammlerin will sie darüber hinaus auch die Mousse und den versilberten Schlagring von D haben. Zu Recht?

Hinweis: § 826 BGB ist nicht zu prüfen.

Lösung

Erster Teil: Ansprüche auf Herausgabe der 300 Euro

I. Anspruch der S gegen D auf Herausgabe von 300 Euro aus § 985

S könnte gegen D einen Anspruch auf Herausgabe von 300 Euro (drei Scheine zu je 100 Euro) aus § 985 haben. Dazu müsste S Eigentümerin des Geldes gewesen sein und D kein Recht zum Besitz gehabt haben.

1. Ursprünglich war S Eigentümerin des Geldes. Durch den Diebstahl hat sie lediglich den Besitz, nicht aber das Eigentum am Geld verloren. Daher ist sie Eigentümerin geblieben.

2. D ist Besitzer des Geldes.

3. D hat gegenüber S kein Recht zum Besitz gemäß § 986.

Ergebnis: S hat gegen D einen Anspruch auf Herausgabe von 300 Euro aus § 985.

14

II. Anspruch der S gegen D auf Herausgabe von 300 Euro aus §§ 861 I, 869

S könnte gegen D einen Anspruch auf Herausgabe von 300 Euro (drei Scheine zu je 100 Euro) aus §§ 861 I, 869 S.1 haben.

Fraglich ist, ob S als mittelbare Besitzerin überhaupt einen Anspruch aus § 861 I geltend machen kann. Mit "Besitzer" in § 861 I ist nur der unmittelbare Besitzer gemeint. Allerdings bestimmt die Vorschrift des § 869 S.1, dass die in den §§ 861, 862 bestimmten Ansprüche auch dem mittelbaren Besitzer zustehen. Folglich kann S im vorliegenden Fall grundsätzlich den Anspruch aus § 861 I geltend machen.

1. Es müsste zunächst dem unmittelbaren Besitzer der Besitz durch **verbotene Eigenmacht** gemäß § 858 I entzogen worden sein. Verbotene Eigenmacht liegt vor, wenn dem Besitzer ohne seinen Willen der Besitz entzogen worden ist. Wird, wie vorliegend, der unmittelbaren Besitzerin F der Besitz ohne ihren Willen entzogen, so liegt auch im Verhältnis zur mittelbaren Besitzerin S verbotene Eigenmacht im Sinne des § 858 I vor.

2. Ein Ausschlussgrund gemäß § 861 II ist nicht ersichtlich.

Ergebnis: S hat einen Anspruch gegen D auf Herausgabe von 300 Euro aus §§ 861 I, 869.

III. Anspruch der S gegen D auf Herausgabe von 300 Euro aus § 1007 I

S könnte gegen D einen Anspruch auf Herausgabe von 300 Euro (drei Scheine zu je 100 Euro) aus § 1007 I haben. Für diesen Anspruch kommt es darauf an, wer das bessere Recht zum Besitz hat.

1. S hatte das Geld früher im Besitz. Indem S das Geld an F übergab, wurde S mittelbare Eigenbesitzerin. Nach dem Diebstahl ist das Geld mittlerweile im Besitz des Anspruchsgegners, nämlich D.

2. D müsste beim Erwerb des Besitzes bösgläubig gewesen sein (§ 1007 I). Nach § 932 II analog ist bösgläubig, wem bekannt oder grob fahrlässig unbekannt ist, dass er unrechtmäßiger Besitzer ist. D weiß, dass er als **Dieb** unrechtmäßiger Besitzer ist. Er ist also bösgläubig.

Die Voraussetzungen von § 1007 I liegen vor.

3. Der Anspruch könnte allerdings nach § 1007 III bzw. II ausgeschlossen sein. S war als Anspruchstellerin weder bezüglich des früheren Besitzerwerbs **bösgläubig** noch hat sie ihren Besitz freiwillig aufgegeben.
D hat als Dieb auch kein besseres Recht zum Besitz.

Ergebnis: S hat gegen D Anspruch auf Herausgabe von 300 Euro aus § 1007 I.

IV. Anspruch der S gegen D auf Herausgabe der 300 Euro aus § 1007 II

S könnte gegen D einen Anspruch auf Herausgabe von 300 Euro (drei Scheine zu je 100 Euro) aus § 1007 II haben. Ebenso wie im Rahmen von § 1007 I ist entscheidend, wer das bessere Recht zum Besitz hat.

1. Der früheren Besitzerin, also S, müssten die 300 Euro abhanden gekommen sein. Wann eine Sache **abhanden gekommen** ist, bestimmt sich nach § 932 II. Vorliegend wurde das Geld von D gestohlen. Diebstahl ist ein Fall des Abhandenkommens i.S.d. § 935 I.

2. Der Anspruch könnte allerdings nach § 1007 II 2 ausgeschlossen sein. Danach findet die Vorschrift auf Geld keine Anwendung.

Ergebnis: S hat gegen D keinen Anspruch auf Herausgabe von 300 Euro aus § 1007 II.

V. Anspruch der S gegen D auf Herausgabe von 300 Euro aus § 812 I 1 Var.2 (Eingriffskondiktion)

S könnte einen Anspruch gegen D auf Herausgabe von 300 Euro (drei Scheine zu je 100 Euro) aus § 812 I 1 Var.2 haben.

Der Anspruch aus § 812 ist nicht durch das Eigentümer-Besitzer-Verhältnis (EBV) gesperrt.[1]

1. Dazu müsste D etwas auf Kosten von S **rechtsgrundlos** erlangt haben. Indem D sich die Tasche der S mit den innen liegenden 300 Euro nahm, erlangte er einen Vermögenswert.

2. Dies dürfte nicht durch Leistung geschehen sein. Leistung ist jede bewusste und zweckgerichtete Mehrung fremden Vermögens. Indem S nicht die Absicht hatte, das Vermögen des D zu mehren, scheidet eine Leistung aus.

3. D müsste den Vermögenswert auf Kosten der S erlangt haben. Die Mehrung des Vermögens des D zog unmittelbar die Verminderung des Vermögens der S nach sich. Aufgrund dieser Vermögensverschiebung erlangte D die 300 Euro auf Kosten der S.

---

[1] Ist der Grund für das Eigentümer-Besitzer-Verhältnis eine fehlgeschlagene Leistung (Kausalverhältnis und Verfügung sind nichtig), müsste der Besitzer dem Eigentümer die erworbene Sache zwar herausgeben, dürfte aber wegen des EBV gezogene Nutzungen behalten. Er ist somit besser gestellt als ein Erwerber, der Eigentum erworben hat, denn dann liegt kein EBV vor (keine Vindikationslage) und der Erwerber muss – trotz Gutgläubigkeit – die Sache samt Nutzungen nach §§ 812 I 1 Alt.1, 818 I herausgeben. Diese unterschiedliche Behandlung ist nicht gerechtfertigt. DESHALB: Keine Sperrwirkung des EBV gegenüber dem Bereicherungsrecht im Bereich der Nutzungen, sofern der Erwerb unentgeltlich oder rechtsgrundlos erfolgte.

4. Für die Vermögensverschiebung ist kein Rechtsgrund ersichtlich.

Ergebnis: Folglich ist D gegenüber S aus § 812 I 1 Var.2 zur Herausgabe des Geldes verpflichtet.

VI. Anspruch der S gegen D auf Herausgabe von 300 Euro aus §§ 992 i.V.m. 823 I, 249 I (Naturalrestitution)

S könnte einen Anspruch gegen D auf Herausgabe von 300 Euro (drei Scheine zu je 100 Euro) aus § 823 I haben. Dazu müsste D das Eigentum der S verletzt haben.

1. Indem D das Geld gestohlen hat, liegt eine Eigentumsverletzung vor.

2. D handelte rechtswidrig und vorsätzlich gemäß § 276 I 1. Er hat damit die Eigentumsverletzung zu vertreten.

3. S hat deswegen einen Schaden in Höhe von 300 Euro.

4. D schuldet Schadensersatz, also nach § 249 I **Naturalrestitution**. D hat den Zustand herzustellen, der bestünde, wenn das schädigende Ereignis nicht eingetreten wäre. Hätte D das Geld S nicht gestohlen, so befände es sich immer noch im Besitz der S. D schuldet als Schadensersatz also die Herausgabe der Geldscheine an S.

Ergebnis: S hat einen Anspruch gegen D auf Herausgabe von 300 Euro aus §§ 823 I, 249 I (Naturalrestitution) i.V.m. § 992.

VII. Anspruch der S gegen D auf Herausgabe von 300 Euro aus § 823 II i.V.m. einem Schutzgesetz

S könnte einen Anspruch gegen D auf Herausgabe von 300 Euro (drei Scheine zu je 100 Euro) aus § 823 II haben. Dazu müsste D ein Schutzgesetz gemäß § 823 II verletzt haben. Als Schutzgesetze kommen § 858 I BGB und § 242 StGB in Betracht. Durch den vollendeten Diebstahl hat D, der auf solche Taten „spezialisiert ist" und folglich **gewerbsmäßig** handelt, den Tatbestand der §§ 242, 243 I 2 Nr. 3 StGB verwirklicht. Im Übrigen beging er auch verbotene Eigenmacht gemäß § 858 I.

Indem er vorsätzlich handelte, war die Verletzung der Schutzgesetze auch schuldhaft.

Ergebnis: D schuldet im Wege der Naturalrestitution gemäß § 249 I die Herausgabe des Geldes (300 Euro) an S.

Zweiter Teil: Ansprüche auf Herausgabe des Schlagrings

I. Anspruch der S gegen D auf Herausgabe des Schlagrings aus §§ 687 II 1, 681 S.2, 667

S könnte gegen D einen Anspruch auf Herausgabe des silbernen Schlagrings aus §§ 687 II 1, 681 S.2, 667 haben.

1. Dazu müsste D ein fremdes Geschäft geführt haben, obwohl er wusste, dazu nicht berechtigt zu sein, § 687 II 1.

Ein Geschäft ist jedes Tätigwerden, also auch der Erwerb des Schlagrings für 200 Euro. Dieses Geschäft müsste fremd gewesen sein. **Fremd ist ein Geschäft, wenn es in den Rechtskreis eines anderen fällt.** Vorliegend wäre S befugt gewesen, die 200 Euro auszugeben. Daher liegt ein für D fremdes Geschäft vor. D, der dieses Geschäft als sein eigenes führte, wusste auch, dass er dazu nicht berechtigt war. Folglich liegen die Voraussetzungen des § 687 II 1 vor. Der Geschäftsherr, hier S, kann daher den Anspruch des §§ 681 S.2, 667 geltend machen.

2. Danach schuldet D als Geschäftsführer das aus der Geschäftsführung Erlangte. Durch die Geschäftsführung hat D den Schlagring erlangt.

Ergebnis: Den Schlagring hat D folglich an S gemäß §§ 687 II 1, 681 S.2, 667 herauszugeben.

II. Anspruch der S gegen D auf Herausgabe des Schlagrings aus §§ 812 I 1 Var.2, 818 I (Eingriffskondiktion)

S könnte gegen D einen Anspruch auf Herausgabe des silbernen Schlagrings aus §§ 812 I 1 Var.2, 818 I haben. Dazu müsste D etwas auf Kosten der S rechtsgrundlos erlangt haben.

1. D hatte zunächst Besitz an den 200 Euro der S erlangt. Dies geschah nicht durch Leistung der S an D, sondern durch einen Eingriff des D. Die **Vermögensverschiebung** in Form des Diebstahls geschah auf Kosten der S. Für den Vermögenszuwachs bei D gibt es keinen rechtlichen Grund.

2. Folglich ist D gemäß § 818 I verpflichtet, dasjenige herauszugeben, was er als Ersatz für die Entziehung des erlangten Gegenstandes erwirbt. D hat den Schlagring erworben.

Ergebnis: D muss den Schlagring an S gemäß §§ 812 I 1 Var.2, 818 I herausgeben.

III. Anspruch der S gegen D auf Herausgabe des Schlagrings aus § 816 I 1

S könnte gegen D einen Anspruch auf Herausgabe des silbernen Schlagrings aus § 816 I 1 haben.

1. Dazu müsste D als Nichtberechtigter eine Verfügung getroffen haben, die dem Berechtigten gegenüber wirksam ist. Bezüglich des Geldes (200 Euro) war D weder Eigentümer noch zur Übereignung ermächtigt. Er handelte daher als **Nichtberechtigter**.

D müsste eine Verfügung getroffen haben. **Eine Verfügung ist ein Rechtsgeschäft, durch das ein Recht aufgehoben, übertragen, geändert oder belastet wird.** Vorliegend kommt eine Übertragung des Eigentums am Geld in Betracht. Es liegt also eine Verfügung vor.

2. Diese Verfügung müsste gegenüber der Berechtigten S wirksam gewesen sein. D hat das Geld gemäß § 929 S. 1 an den Veräußerer des Schlagrings übereignet. Er war, wie festgestellt, Nichtberechtigter. Also kommt allenfalls eine Übereignung nach §§ 929 S.1, 932 I 1 in Betracht. Es ist davon auszugehen, dass der Veräußerer des Schlagrings gutgläubig gemäß § 932 II war.

3. Fraglich ist, ob einer wirksamen Verfügung § 935 I 1 entgegensteht. Danach können **abhanden gekommene Sachen** nicht gutgläubig erworben werden. Indem D das Geld stahl, sind die 200 Euro abhanden gekommen. Gemäß § 935 II findet § 935 I allerdings auf Geld keine Anwendung. Folglich hat der Verkäufer des Schlagrings gutgläubig Eigentum an den 200 Euro erworben. Damit ist die Verfügung des D der Berechtigten S gegenüber gemäß § 816 I 1 wirksam. D schuldet daher die Herausgabe des durch die Verfügung Erlangten, also des Schlagrings.

Ergebnis: S hat gegen D einen Anspruch auf Herausgabe des Schlagrings aus § 816 I 1.

Dritter Teil: Ansprüche auf Herausgabe des Wertes des Wassers

I. Anspruch der S gegen D auf Ersatz des Wertes des Wassers in Höhe von 2 Euro aus §§ 687 II 1, 678

S könnte gegen D einen Anspruch aus §§ 687 II, 678 auf Ersatz in Höhe von 2 Euro haben.

1. Dazu müsste D ein fremdes Geschäft geführt haben, obwohl er wusste, dazu nicht berechtigt zu sein, § 687 II 1.

Ein Geschäft ist jedes Tätigwerden, also auch das Schütten des Wassers in den Main. Dieses Geschäft müsste **fremd** gewesen sein. Fremd ist ein Geschäft, wenn es in den Rechtskreis eines anderen fällt. Vorliegend wäre S befugt gewesen, das Wasser zu nutzen. Daher liegt ein für D fremdes Geschäft vor. D, der dieses Geschäft als sein eigenes führte, wusste auch, dass er dazu nicht berechtigt war. Folglich liegen die Voraussetzungen des § 687 II 1 vor. Der Geschäftsherr, hier S, kann daher den Anspruch aus § 678 geltend machen.

2. Danach schuldet D als Geschäftsführer **Ersatz des aufgrund der Geschäftsführung entstandenen Schadens**. Ein Schaden ist ein unfreiwilliges Vermögensopfer. Durch das Schütten des Wassers in den Main kann S das Wasser nicht mehr nutzen. Dies geschieht gegen ihren Willen, also unfreiwillig. Folglich hat S einen Schaden in Höhe von 2 Euro. S hat folglich gegen D einen Anspruch aus §§ 687 II 1, 678 auf Ersatz in Höhe von 2 Euro.

3. Dieser Anspruch könnte allerdings wegen § 993 I a.E. (am Ende) **gesperrt** sein. Der Besitzer schuldet dem Eigentümer nur im Rahmen des Eigentümer-Besitzer-Verhältnis Schadensersatz. Eine Ausnahme macht allerdings § 992 für denjenigen, der den Besitz durch Diebstahl erlangt hat. D hat das Wasser gestohlen. Folglich gilt die Einschränkung des § 993 I a.E. nicht.

Ergebnis: S hat gegen D einen Anspruch aus §§ 687 II 1, 678 auf Ersatz in Höhe von 2 Euro.

II. Anspruch der S gegen D auf Ersatz des Wertes des Wassers in Höhe von 2 Euro aus §§ 990 I, 989

S könnte gegen D einen Anspruch aus §§ 990 I, 989 auf Ersatz in Höhe von 2 Euro haben.

1. Dazu müsste zunächst eine **Vindikationslage** zum Zeitpunkt des schädigenden Ereignisses vorliegen (§§ 985, 986). S müsste zu dieser Zeit Eigentümerin und D unrechtmäßiger Besitzer gewesen sein.

20

a) Ursprünglich war S Eigentümerin des Wassers. Dieses Eigentum ging mangels Übereignung weder durch die Übergabe der Tasche an F, noch durch den Diebstahl des D verloren. S verlor ihr Eigentum erst, als das Wasser in den Main gelangte und sich mit diesem gemäß § 948 I i.V.m. § 947 I vermischte. S war also zum Zeitpunkt des Schüttens des Wassers in den Main noch Eigentümerin.

b) D war durch den Diebstahl unrechtmäßiger Besitzer (siehe bereits oben). Damit liegt eine Vindikationslage zum Zeitpunkt des schädigenden Ereignisses vor.

2. Gemäß § 989 müsste das Wasser **untergegangen** sein. Durch das Schütten in den Main ist das Wasser – im wahrsten Sinne des Wortes – untergegangen.

3. D müsste den Untergang zu **verschulden** haben. Unter Verschulden fällt Vorsatz, § 276 I 1. D wusste, dass er das Wasser verschüttet und wollte dies auch. Damit handelte er vorsätzlich. Folglich hat er den Untergang gemäß § 989 zu vertreten.

4. D müsste weiterhin gemäß § 990 I 1 **bösgläubig** gewesen sein. Nach § 932 II analog ist bösgläubig, wer sein mangelndes Recht zum Besitz kennt, oder wem dies fahrlässig unbekannt geblieben ist. D wusste als Dieb, dass er kein Recht zum Besitz am Wasser der S hat. Damit war D nach § 990 I 1 bösgläubig.

Ergebnis: S hat gegen D einen Anspruch aus §§ 990 I 1, 989 auf Ersatz in Höhe von 2 Euro.

III. Anspruch der S gegen D auf Ersatz des Wertes des Wassers in Höhe von 2 Euro aus §§ 992, 823 I

S könnte gegen D einen Anspruch aus §§ 992, 823 I auf Ersatz des Wertes des Wassers in Höhe von 2 Euro haben. Dazu müsste D das Eigentum der S verletzt haben.

1. Indem D das Wasser der S in den Main geschüttet hat, liegt eine Eigentums-verletzung vor.

2. D handelte rechtswidrig und vorsätzlich gemäß § 276 I 1 und hat damit die Eigentumsverletzung zu vertreten.

3. S hat deswegen einen Schaden in Höhe von 2 Euro.

4. In der Rechtsfolge schuldet D Schadensersatz. Naturalrestitution gemäß § 249 I ist, da das Wasser mit dem Main untrennbar vermischt wurde, nicht möglich. Folglich hat D **gemäß § 251 I dem Werte nach den Zustand herzustellen**, der bestünde, wenn das schädigende Ereignis nicht eingetreten wäre. Hätte D das Wasser der S nicht in den Main geschüttet, so befände es sich immer noch im Besitz der S. D schuldet als Schadensersatz also den Wert dieses Wassers, mithin 2 Euro. Wegen § 992 ist ein deliktischer Anspruch nicht gemäß § 993 I a.E. gesperrt.

Ergebnis: S hat gegen D einen Anspruch aus §§ 992, 823 I auf 2 Euro.

IV. Anspruch der S gegen D auf Ersatz des Wertes des Wassers in Höhe von 2 Euro aus §§ 992, 823 II i.V.m. Schutzgesetzen

S könnte gegen D einen Anspruch aus §§ 992, 823 II i.V.m. Schutzgesetzen auf Ersatz des Wertes des Wassers in Höhe von 2 Euro haben.

Als Schutzgesetze kommen § 858 I BGB und § 242 StGB in Betracht. Durch den vollendeten Diebstahl hat D, der auf solche Taten „spezialisiert ist" und folglich gewerbsmäßig handelt, den Tatbestand der §§ 242, 243 I 2 Nr. 3 StGB verwirklicht. Im Übrigen beging er auch verbotene Eigenmacht gemäß § 858 I.

Indem er vorsätzlich handelte, war die Verletzung der Schutzgesetze auch schuldhaft. Folglich muss D gemäß § 251 I Wertersatz leisten.

Ergebnis: D schuldet S gemäß §§ 992, 823 II i.V.m. §§ 858 BGB, 242, 243 I 2 Nr. 3 StGB Ersatz des Wertes des Wassers in Höhe von 2 Euro.

V. Anspruch der S gegen D auf Ersatz des Wertes des Wassers in Höhe von 2 Euro aus §§ 812 I 1 Var.2, 818 II (Eingriffskondiktion)

S könnte gegen D einen Anspruch auf Herausgabe des Wertes des Wassers in Höhe von 2 Euro aus §§ 812 I 1 Var.2, 818 II haben. Dazu müsste D etwas auf Kosten der S rechtsgrundlos erlangt haben.

1. D hat Besitz an dem Wasser der S erlangt. Dies geschah nicht durch Leistung der S an D, sondern durch einen Eingriff des D. Die Vermögensverschiebung in Form des Diebstahls geschah auf Kosten der S. Für den Vermögenszuwachs bei D gibt es keinen rechtlichen Grund.

2. Folglich ist D gemäß § 818 I zur Herausgabe verpflichtet. Das Wasser ist inzwischen mit dem Main untrennbar vermischt. Damit ist eine Herausgabe gemäß § 818 II nicht möglich. Folglich muss D den Wert des Wassers in Höhe von 2 Euro ersetzen.

Ergebnis: S hat gegen D einen Anspruch auf Herausgabe des Wertes des Wassers in Höhe von 2 Euro aus §§ 812 I 1 Var.2, 818 II.

Vierter Teil: Ansprüche auf Herausgabe der Mousse au chocolat

I. Anspruch der S gegen D auf Herausgabe der Mousse aus § 985

S könnte gegen D einen Anspruch auf Herausgabe der Mousse aus § 985 haben. Dazu müsste eine Vindikationslage vorliegen (§§ 985, 986).

1. S müsste Eigentümerin der Mousse sein.

a) Ursprünglich war S Eigentümerin der Schokoladentafeln.

b) Sie könnte ihr Eigentum allerdings an D aufgrund § 950 verloren haben. Dazu müsste eine **neue Sache entstanden** sein. Mousse au chocolat ist im Verhältnis zu fünf Tafeln Zartbitterschokolade eine neue Sache. Der Wert der Verarbeitung muss ferner wesentlich höher sein als der Wert des verarbeiteten Stoffes. Bedenkt man, dass der Wert einer fertigen Mousse au chocolat in Gastronomie und Handel deutlich über dem Wert von fünf Tafeln Schokolade liegt, so liegt der Verarbeitungswert wesentlich über dem Stoffwert.

2. D ist damit gemäß § 950 Eigentümer der Mousse geworden.

Ergebnis: Mangels Vindikationslage hat S gegen D keinen Anspruch auf Herausgabe der Mousse aus § 985.

II. Anspruch der S gegen D auf Herausgabe der Mousse aus § 816 I 1

S könnte gegen D einen Anspruch auf Herausgabe der Mousse aus § 816 I 1 haben. Dazu müsste D als Nichtberechtigter eine Verfügung getroffen haben, die der Berechtigten S gegenüber wirksam war.

D war zwar bezüglich der Schokoladentafeln Nichtberechtigter. Fraglich ist allerdings, ob er durch die Verarbeitung der Tafeln eine Verfügung getroffen hat. Eine Verfügung ist ein Rechtsgeschäft, durch das ein Recht aufgehoben, übertragen, geändert oder belastet wird. Die Mousse entstand durch einen Realakt. Ein Rechtsgeschäft hat D folglich nicht vorgenommen. Es liegt folglich keine Verfügung vor.

Ergebnis: S hat daher gegen D keinen Anspruch auf Herausgabe der Mousse aus § 816 I 1.

III. Anspruch der S gegen D auf Herausgabe der Mousse aus § 812 I 1 Var.2, 818 I (Eingriffskondiktion)

S könnte gegen D einen Anspruch auf Herausgabe der Mousse aus §§ 812 I 1 Var.2, 818 I haben. Dazu müsste D etwas auf Kosten der S rechtsgrundlos erlangt haben.

1. D hatte zunächst Besitz an den fünf Tafeln Schokolade der S erlangt. Dies geschah **nicht durch Leistung** der S an D, sondern durch einen Eingriff des D. Die Vermögensverschiebung in Form des Diebstahls geschah auf Kosten der S. Für den Vermögenszuwachs bei D gibt es keinen rechtlichen Grund.

2. Folglich ist D gemäß § 818 I verpflichtet, dasjenige herauszugeben, was er **aufgrund der Zerstörung** der Schokolade erlangt. Hier wurde die Schokolade zu Mousse verarbeitet.

Ergebnis: D muss folglich diese Mousse gemäß §§ 812 I 1 Var.2, 818 I an S herausgeben.

Sachverhalt

Bauherr B will ein Restaurant am Ballplatz in Mainz eröffnen. Dazu liefert ihm E unter Eigentumsvorbehalt die notwendige Einrichtung. Leider lockt das Restaurant nicht so viele Besucher an wie erhofft. B kann nicht zahlen, E tritt vom Vertrag zurück und verlangt die Herausgabe der Einrichtung. B verweist darauf, dass er Räumlichkeiten und Inventar an U verpachtet habe. Hat E gegen B einen Anspruch aus § 985?

Lösung

Anspruch des E gegen B auf Herausgabe der Einrichtung aus § 985

E könnte einen Anspruch gegen B auf Herausgabe der Einrichtung aus § 985 haben.

1. Dazu müsste E Eigentümer der Einrichtung sein.

a) Ursprünglich war E Eigentümer.

b) Er könnte sein Eigentum aber durch **Übereignung** gemäß § 929 S.1 an B verloren haben. Zwar haben sich E und B über den Eigentumserwerb geeinigt. Indem ein **Eigentumsvorbehalt** vereinbart wurde, war die Einigung allerdings gemäß § 158 I aufschiebend bedingt. Die Bedingung, nämlich die vollständige Kaufpreiszahlung, ist nicht eingetreten. Damit hat E das Eigentum an der Einrichtung nicht an B verloren. Folglich ist E immer noch Eigentümer.

c) E könnte das Eigentum an der Einrichtung durch Verbindung mit dem Haus, in dem das Restaurant untergebracht ist, **gemäß § 946 verloren** haben. Jedoch müsste dazu die Einrichtung ein wesentlicher Bestandteil des Grundstücks geworden sein. **Wesentliche Bestandteile** sind nach § 94 insbesondere die mit dem Boden fest verbundenen Sachen. Das Inventar ist nicht fest mit dem Boden verbunden. Damit scheidet ein Eigentumsverlust des E nach § 946 aus. Also ist E Eigentümer.

2. B müsste Besitzer der Einrichtung sein. Zwar hat er Räumlichkeiten und Inventar inzwischen an U verpachtet, sodass U unmittelbarer Besitzer ist. B könnte allerdings mittelbarer Besitzer sein. Dies setzt nach § 868 ein **Besitzmittlungsverhältnis** voraus, also ein Verhältnis, vermöge dessen jemand einem anderen gegenüber zum Besitz berechtigt oder verpflichtet ist. Bei einem Mietverhältnis entsteht ein Besitzmittlungsverhältnis gemäß § 868, indem U gegenüber B zum Besitz berechtigt ist. Folglich ist B mittelbarer Besitzer der Einrichtungsgegenstände.

3. B dürfte kein Recht zum Besitz gemäß § 986 haben. Ein Recht zum Besitz könnte ein Anwartschaftsrecht des B darstellen. Mit der Vereinbarung des Eigentumsvorbehaltes und der Zahlung einiger Raten an E hat B eine **Anwartschaft auf das Eigentum an den Einrichtungsgegenständen erworben.** Indem E allerdings wirksam vom Vertrag aufgrund seines Rechts aus § 449 II zurückgetreten ist, ist auch das Anwartschaftsrecht des B erloschen. Damit hat B kein Recht zum Besitz.

4. Rechtsfolge: E hat folglich einen Anspruch gegen B auf Herausgabe der Einrichtung aus § 985.

Problematisch ist aber, dass B **nur mittelbarer Besitzer** ist. Es ist umstritten, ob in solchen Fällen nur die Übertragung des mittelbaren Besitzes nach § 870 durch Abtretung des Herausgabeanspruchs geschuldet ist oder – wahlweise – auch die Herausgabe des unmittelbaren Besitzes. Das wäre mit Rücksicht auf § 886 ZPO sinnvoll.

Hinweis für Studierende, die noch kein Zwangsvollstreckungsrecht (ZPO II) gehört haben: Ein auf Herausgabe lautendes Urteil hätte für den E den Vorteil, dass er die Vollstreckung gemäß §§ 883, 886 ZPO betreiben kann. Befindet sich das Inventar (wieder) bei B, nimmt es der Gerichtsvollzieher weg und übergibt es E (§ 883 I ZPO). Befindet es sich nicht bei B, kann dieser zur Offenbarung des unmittelbaren Besitzes gezwungen werden (§ 883 II ZPO). So wird E von U erfahren. Ist U zur Herausgabe bereit (§ 809 ZPO), nimmt der Gerichtsvollzieher die Sache weg und übergibt es E (§ 883 I ZPO). Ist U zur Herausgabe nicht bereit, pfändet E aus seinem Herausgabetitel gegen B dessen Herausgabeanspruch gegen U und lässt ihn sich überweisen (§§ 829, 836 ZPO). Verweigert U dann noch die Herausgabe, kann E den überwiesenen Anspruch einklagen.

a) Nach einer Ansicht **kann Herausgabe der Sache nur vom unmittelbaren Besitzer verlangt werden.** E stünde gegen B folglich nur ein Anspruch auf Abtretung des Herausgabeanspruchs gemäß § 870 zu. Zur Begründung wird Folgendes ausgeführt: Erhält der Eigentümer den mittelbaren Besitz, fallen Eigentum und Besitz nicht mehr auseinander. Die Herausgabe des unmittelbaren Besitzes wird zudem oft unmöglich sein, da sich der mittelbare Besitzer mit dem unmittelbaren Besitzer vertraglich gebunden hat, zum Beispiel durch einen Miet- oder Pachtvertrag. Im vorliegenden Fall könnte E von B folglich nur die Abtretung seines Herausgabeanspruchs gegen U gemäß § 870 verlangen.

b) Nach einer anderen Ansicht kann vom mittelbaren Besitzer **die genannte Abtretung nach § 870 oder – wahlweise – die Herausgabe des unmittelbaren Besitzes verlangt werden.** Dies entspreche dem Wortlaut des Gesetzes in § 985. Außerdem nütze dem Eigentümer der abgetretene Herausgabeanspruch nichts, wenn der unmittelbare Besitzer die Sache an den mittelbaren Besitzer bereits zurückgegeben hat. Folglich könnte E von B statt einer Abtretung des Herausgabeanspruchs gegen U auch direkt Herausgabe des Inventars nach § 985 verlangen.

c) Die Ansichten kommen zu unterschiedlichen Ergebnissen. Eine Streitentscheidung ist demnach erforderlich.

Der Eigentümer wird den **unmittelbaren Besitzer** in vielen Fällen nicht kennen. Es ist folglich praktischer, **wenn sich der mittelbare Besitzer an diesen hält.** Folglich sollte der Eigentümer auch Herausgabe des unmittelbaren Besitzes verlangen können. Dies führt zu sachgerechten Ergebnissen auch dann, wenn der unmittelbare Besitzer die Sache inzwischen wieder an den zuvor mittelbaren Besitzer zurückgegeben hat. Der zweiten Ansicht ist somit zu folgen.

Ergebnis: E hat folglich einen Anspruch gegen B auf Abtretung des Herausgabeanspruchs oder auf Herausgabe des unmittelbaren Besitzes an der Einrichtung aus § 985.

II. Rechtsgeschäftlicher Eigentumserwerb

Prüfungsaufbau der Übereignungstatbestände

Der rechtsgeschäftliche Eigentumserwerb setzt voraus:

1. Einigung (dinglicher Vertrag).
2. Übergabe gemäß § 929 S.1 (oder Surrogat gemäß §§ 929 S.2, 930, 931).
3. Einigsein im Zeitpunkt der Übergabe.
4. Berechtigung.

Eine fehlende Berechtigung des Verfügenden kann durch Gutglaubensvorschriften (§§ 932 - 934) überwunden werden.

a) Generelle Voraussetzungen des gutgläubigen Erwerbs:

aa) Verkehrsgeschäft (Veräußerer und Erwerber dürfen nicht identisch sein).

bb) Verfügender muss Besitzer sein (sonst kein Rechtsschein nach § 1006 I).

cc) Vollständiger Besitzverlust beim Veräußerer und Erlangung des Besitzes seitens des Erwerbers.

dd) Guter Glaube an das Eigentum, § 932 II (Ausnahme: § 366 HGB).

ee) Sache ist nicht abhanden gekommen gemäß § 935 (Ausnahme: § 935 II).

b) Zusätzliche Voraussetzungen in § 932 bis § 934.

Die Veräußerungstatbestände der §§ 929 – 931 haben jeweils eine Entsprechung in den Gutglaubensvorschriften der §§ 932 – 934.

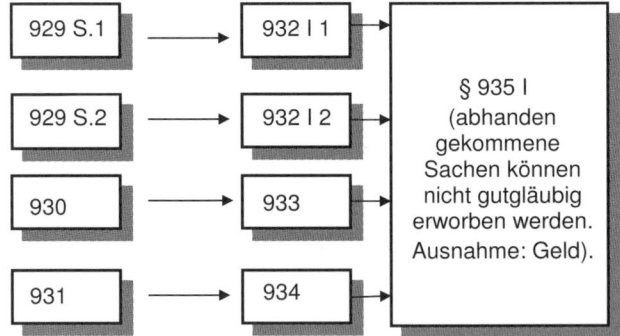

Fall 5

Sachverhalt (nach BGHZ 50, 45):
Maschinenhändler V verkauft K eine Fräsmaschine unter Eigentumsvorbehalt. K bekommt die schlechte Konjunktur zu spüren. Als Sicherheit für einen Kredit übereignet er die Maschine an die Bank B. Gegenüber B erklärt K, er sei Eigentümer. B erlaubt K, die Maschine weiter zu nutzen. Wenig später bekommt auch B die schlechte Konjunktur zu spüren. Sie tritt ihre Darlehensforderung aus dem Kreditvertrag mit K an die Super-Bank S ab und weist K an, nunmehr S den Besitz zu mitteln. Kurz darauf schlittert Deutschland in eine Rezession. K kann nun gar nichts mehr zahlen: Weder die letzten Raten für den Kauf der Maschine an V noch die Zinsen für das Darlehen bei S. Daraufhin verlangen sowohl V als auch S Herausgabe der Maschine. K gibt sie an S heraus.
Nun verlangt V die Maschine von S. Zu Recht?

Lösung

Anspruch des V gegen S auf Herausgabe der Maschine aus § 985
V könnte einen Anspruch auf Herausgabe der Maschine gegen S aus § 985 haben. Dazu müsste eine Vindikationslage vorliegen (§§ 985, 986). Zunächst müsste V Eigentümer der Fräsmaschine sein.
1. Ursprünglich war er Eigentümer der Maschine.

2. K könnte jedoch das Eigentum von V nach § 929 S.1 erworben haben. V und K haben sich zwar gemäß § 929 S.1 über den Eigentumserwerb geeinigt und die Maschine übergeben. Sie haben allerdings einen **Eigentumsvorbehalt** vereinbart, was dazu führt, dass die dingliche Einigung gemäß § 158 I bedingt war. Das Eigentum sollte also erst übergehen, wenn **die letzte Kaufpreisrate bezahlt wird.** K hat nicht alle Raten bezahlt. Damit war die aufschiebende Bedingung der vollständigen Kaufpreiszahlung noch nicht eingetreten. Folglich ist das Eigentum an der Maschine noch nicht nach § 929 S.1 auf K übergegangen. Damit hat V sein Eigentum nicht an K verloren.

3. V hätte aber sein Eigentum an der Maschine verloren, wenn diese von K an B **nach § 929 S.1 übereignet** wurde. Für eine Übereignung nach § 929 S.1 sind Einigung, Übergabe, Einigsein im Zeitpunkt der Übergabe und die Berechtigung des Verfügenden erforderlich.

a) Zuerst müssten K und B sich nach § 929 S.1 geeinigt haben. Die Übereignung diente zur Sicherheit für eine Kreditvergabe. Dies wussten beide Seiten, weshalb eine Einigung nach § 929 S.1 zu bejahen ist.

b) Weiterhin müsste die Maschine gemäß § 929 S.1 von K an B übergeben worden sein. Im vorliegenden Fall arbeitete K weiterhin in seinem Betrieb mit der Maschine. B wurde nicht unmittelbare Besitzerin. Folglich fand eine tatsächliche Übergabe nach § 929 S. 1 nicht statt. Es könnte aber ein **Übergabesurrogat nach §§ 929 S.2, 930 oder 931** vereinbart worden sein.

Vorliegend kommt ein Übergabesurrogat nach § 930 in Betracht. Nach § 930 reicht es, wenn der **mittelbare Besitz vom Veräußerer auf den Erwerber übertragen** wird. Ein solches Rechtsverhältnis im Sinne des § 868 muss vereinbart werden. Erst dann liegt ein Besitzkonstitut nach § 930 vor. Hier vereinbarten K und B, dass B die Maschine zur Sicherheit für einen Kredit erlangt. Es handelt sich folglich um eine Sicherungsabrede. Diese Sicherungsabrede stellt ein Rechtsverhältnis dar, vermöge dessen B mittelbare Besitzerin wird. Folglich liegt ein Besitzkonstitut nach § 930 vor.

c) Schließlich müssten sich B und K **zum Zeitpunkt der Vereinbarung** des Besitzkonstituts noch einig gewesen sein. Hier fallen dingliche Einigung und die Vereinbarung des Besitzkonstituts gemäß § 930 zeitlich zusammen. Folglich ist das Einigsein zum Zeitpunkt des Übergabesurrogats zu bejahen.

d) Zuletzt müsste K als Verfügender zur Übereignung der Maschine **berechtigt** gewesen sein.

aa) Eine Berechtigung würde sich aus dem Eigentum an der Maschine ergeben. Hier aber war V, wie oben festgestellt, Eigentümer der Maschine.

Eine Berechtigung **könnte sich indes aus § 185 ergeben.** K müsste von V ermächtigt worden sein, die Maschine weiterzuveräußern. Es ist nicht im Sinne des Eigentumsvorbehaltsverkäufers, seinem Käufer zu gestatten, das Vorbehaltsgut zum Zwecke der Sicherung zu übereignen. Durch eine wirksame Übereignung verlöre V sein Sicherungsgut. Daher liegt keine Ermächtigung gemäß § 185 vor. Folglich fehlt es K an der notwendigen Berechtigung.

bb) Diese fehlende Verfügungsbefugnis des K könnte möglicherweise **gemäß §§ 932 ff. überwunden** werden. Danach kann ein Gutgläubiger wirksam vom Nichtberechtigten erwerben. Gutgläubig ist gemäß § 932 II, wem nicht bekannt und nicht fahrlässig unbekannt ist, dass der Verfügende nicht Eigentümer ist.

B wusste nichts davon, dass K nicht Eigentümer war. Zudem hat B ihr Nichtwissen auch nicht gemäß § 932 II zu vertreten. Folglich könnte B gutgläubig Eigentum an der Maschine erworben haben. Der gutgläubige Eigentumserwerb bei der Vereinbarung eines Besitzkonstituts (§ 930) richtet sich jedoch nicht nach § 932 I, sondern nach der Spezialvorschrift des § 933. **Danach wird der Erwerber**

Eigentümer, wenn ihm die Sache übergeben wird. Folglich würde B Eigentümerin der Maschine, wenn sie diese von K tatsächlich erhält. Hier konnte K aber weiter mit der Maschine arbeiten. Eine tatsächliche Übergabe an B fand nicht statt. Damit sind die Voraussetzungen des § 933 nicht erfüllt. Ein gutgläubiger Eigentumserwerb der B **scheidet** mithin **aus.**

Damit hat V sein Eigentum an der Maschine nicht verloren.

4. Möglicherweise hat V aber sein Eigentum an der Maschine verloren, als B diese an S übereignete. Für eine **wirksame Übereignung von B an S** bedarf es gemäß § 929 S.1 erneut der Einigung, der Übergabe, des Einigseins im Zeitpunkt der Übergabe und der Berechtigung des Verfügenden, hier der B.

a) Zunächst müsste zwischen B und S eine **Einigung** nach § 929 S.1 über den Übergang der Maschine vorliegen. Diese Einigung wurde konkludent mit der erfolgten Abtretung der Darlehensforderung aus dem Kreditvertrag mit K getroffen. Nicht nur die Forderung, sondern **auch das Sicherungseigentum** sollte auf S übergehen.

b) Weiterhin bedarf es gemäß § 929 S.1 einer **Übergabe** der Maschine. Die Übergabe stellt einen Realakt dar. B müsste S folglich den unmittelbaren Alleinbesitz an der Maschine verschafft haben. Hier wird K von B angewiesen, von nun an S den Besitz zu mitteln. Damit verschafft B der S keinen unmittelbaren Besitz. **Eine Übergabe nach § 929 S.1 liegt also nicht vor.**

c) Möglicherweise kommt ein **Übergabesurrogat** nach §§ 929 S.2, 930 oder 931 zum Tragen.

aa) S war im Zeitpunkt der dinglichen Einigung nicht im Besitz der Maschine. Damit scheidet ein Übergabesurrogat nach § 929 S.2 aus.

bb) Möglicherweise kommt aber ein Übergabesurrogat nach § 930 in Betracht. Nach § 930 muss aber der Eigentümer im Besitz der Sache sein. Hier ist nicht B, sondern V Eigentümer der Maschine. Damit scheidet § 930 aus.

cc) Einschlägig könnte folglich nur noch **§ 931** als Übergabesurrogat sein. Danach kann die Übergabe durch die Abtretung des Herausgabeanspruchs ersetzt werden. Im vorliegenden Fall könnte dies die Abtretung des Anspruchs der B gegen K an S sein. Weiterhin verlangt § 931 aber, dass der Abtretende Eigentümer der Sache ist. Wie eben festgestellt, ist nicht die B, sondern V Eigentümer der Maschine. Damit greift auch § 931 als Übergabesurrogat nicht ein.

dd) Allerdings ist zu bedenken, dass S von der mangelnden Berechtigung der B nichts wusste. Selbst B war **ihre eigene fehlende Eigentümerstellung unbekannt.** Damit konnte S diesen Mangel in der Berechtigung der B auch nicht erkennen, er ist ihr folglich nicht grob fahrlässig nach § 932 II unbekannt geblieben. Folglich könnte S das Eigentum an der Maschine **gutgläubig erworben** haben. Ein gutgläubiger Erwerb nach § 932 I scheidet mangels tatsächlicher Übergabe nach § 929 S.1 aus. Es könnte aber die Sondervorschrift des § 934 Var. 2 einschlägig sein. Dazu wäre erforderlich, dass S den Besitz an der Maschine tatsächlich erlangt hat. Die Maschine arbeitete aber weiter bei K, der S den Besitz nur mitteln, aber nicht verschaffen sollte. Folglich vollzieht sich der Eigentumserwerb nicht nach §§ 929 S.1, 931, 934 Var.2.

In Betracht kommt indes eine Übereignung nach §§ 929 S.1, 931, 934 Var.1. Dazu müsste B ihren Anspruch gegen K an S abgetreten haben. Dazu müsste B allerdings mittelbare Besitzerin gewesen sein. Fraglich ist, wie das „**Doppelspiel**" des K zu bewerten ist, also **wem er den Besitz mittelt**.

aaa) Man könnte überlegen, ob K sowohl V als auch B den Besitz mittelt. Dann wären V und B **Nebenbesitzer**. Daran schließt sich die Frage an, ob die Übertragung des Nebenbesitzes für eine Abtretung nach § 934 Var.1 ausreicht. Der Nebenbesitzer rückt nicht näher an die Sache heran als der Eigentümer noch zu ihr steht. Folglich kann zu Lasten des Eigentümers kein gutgläubiger Erwerb stattfinden. Nach dieser Auffassung wurde S nicht Eigentümerin.

Gegen diesen Ansatz spricht, dass er auf der Figur des Nebenbesitzes fußt, die im Gesetz keine Stütze findet. **Der „Nebenbesitz" ist keine im BGB vorgesehene Besitzart.** Im Übrigen ergeben sich Wertungswidersprüche mit anderen Normen des BGB. Ungeklärt ist etwa, was passiert, wenn zwei Nebenbesitzer eine Sache ersitzen. Schließlich gibt es kein „Nebeneigentum". Folglich ist die Lehre vom Nebenbesitz abzulehnen.

bbb) Stattdessen könnte man argumentieren, dass K nur einer Person den Besitz mitteln kann. Indem K akzeptiert, für B zu besitzen, wird das alte Besitzmittlungsverhältnis zwischen K und V zerstört. Der **Fremdbesitzerwille** gegenüber der B ist zeitlich später geäußert worden und geht damit vor. B ist folglich gemäß § 868 zur mittelbaren Besitzerin geworden. Diesen mittelbaren Besitz hat sie gemäß § 870 an S abgetreten.

ccc) Damit hat S grundsätzlich Eigentum nach § 934 Var.1 erworben. Jedoch könnte bei diesem Ergebnis ein **Wertungswiderspruch** zu § 933 entstehen. Der Gesetzgeber lässt die Schaffung des mittelbaren Besitzes nicht zum Rechtsscheinerwerb ausreichen (§ 933), wohl aber seine Übertragung (§ 934 Var.1). Beide Fälle setzen mittelbaren Besitz voraus, aber nur § 934 Var.1 verschafft Eigentum. Dies überrascht, da der Erwerber nach § 934 Var.1 weiter weg von der Sache ist als der Erwerber nach § 933.

Man könnte vertreten, die Ungleichbehandlung sei gerechtfertigt, weil bei § 934 Var.1 der Veräußerer vollständig den Besitz verliert, während er bei § 933 unmittelbarer Besitzer bleibt. Bei § 933 fehlt es zur Übergabe an einem vollständigen Besitzverlust des Veräußerers. **Das macht einen relevanten Unterschied in der Rechtsscheinbasis.** Grundlage des gutgläubigen Erwerbs ist der Rechtsschein. Während bei § 933 die Basis erst von den Parteien aufgebaut wird, besteht bei § 934 Var.1 die Rechtsscheinbasis schon.

d) Dadurch gibt es im Ergebnis keinen Wertungswiderspruch. Folglich liegen die Voraussetzungen des § 934 Var.1 vor. Ein gutgläubiger Erwerb der Maschine durch S ist anzunehmen.

5. V hat damit sein Eigentum an der Maschine verloren, als B diese an S übereignete. Folglich ist S Eigentümerin der Maschine.

Ergebnis: V hat keinen Anspruch gegen S auf Herausgabe der Maschine aus § 985.

Fall 6

Sachverhalt

Juwelier J verkauft der schönen Born (B) eine Halskette. B ist knapp bei Kasse, deshalb wird Ratenzahlung vereinbart. Zudem behält sich J das Eigentum bis zur Zahlung der letzten Rate vor. B darf die Kette aber bereits tragen und erregt auf Empfängen große Aufmerksamkeit. Eines Tages, die Raten sind bis auf eine bezahlt, will B die Kette enger am Hals tragen, damit das Schmuckstück nicht von ihren Abendkleidern verdeckt wird. B bringt die Kette am Montag zu J, der einige Perlen herausnehmen soll. Am Donnerstag will B das gute Stück wieder abholen. Nachdem J die Kette repariert hat, wird diese von Kundin K entdeckt. K macht J einen sehr guten Preis, was J nicht abschlagen möchte. Von B weiß K nichts. K nimmt die Kette mit. Donnerstag Morgen zahlt B ihre letzte Rate. Anschließend verlangt sie die Kette von K.

Kann B dieses Ziel erreichen?

Lösung

I. Anspruch der B gegen K auf Herausgabe der Kette aus § 985

B könnte gegen K einen Anspruch auf Herausgabe der Kette aus § 985 haben. Dazu müsste eine Vindikationslage vorliegen (§§ 985, 986).

1. Zunächst müsste B Eigentümerin der Kette sein.

a) Ursprünglich war J Eigentümer der Kette.

b) B könnte jedoch das Eigentum von J durch das Überlassen der Kette, zum Beispiel für die Empfänge, erworben haben, §§ 929 S. 1.

B und J haben sich zwar gemäß § 929 S.1 über den Eigentumserwerb geeinigt und die Kette übergeben. Sie haben allerdings einen **Eigentumsvorbehalt** vereinbart, was dazu führt, dass die dingliche Einigung **gemäß § 158 I aufschiebend bedingt** war. Das Eigentum sollte also erst übergehen, wenn die letzte Rate bezahlt wird.

Zunächst wurde B nicht Eigentümerin der Kette. Das Eigentum verblieb bei J.

34

c) J könnte sein Eigentum jedoch durch Übereignung gemäß § 929 S.1 an K verloren haben.

K und J einigten sich über die Übereignung der Kette. J hat sie K auch übergeben. Allerdings müsste J zur Übertragung des Eigentums berechtigt gewesen sein. Diese Berechtigung ist nur dann gegeben, wenn J zum Zeitpunkt der Übereignung noch Eigentümer der Kette war. Die mit B vereinbarte Bedingung der vollständigen Kaufpreiszahlung war noch nicht eingetreten. **Damit war das Eigentum an der Kette noch nicht auf B übergegangen.** J war also noch Eigentümer und folglich berechtigt, über die Kette zu verfügen. Somit hat K das Eigentum an der Kette gemäß § 929 S.1 erworben.

d) Diese Verfügung des J an K könnte aber mit dem Eintritt einer Bedingung, hier der Zahlung der letzten Rate durch B, **gemäß § 161 I 1 unwirksam** sein. Gemäß § 161 I 1 ist eine Verfügung relativ unwirksam, die während einer Schwebezeit getroffen wurde, wenn sie im Falle des Eintritts der Bedingung die von der Bedingung abhängige Wirkung vereiteln würde.

Danach müsste J zunächst unter einer aufschiebenden Bedingung, § 158 I, über die Kette verfügt haben. Dies geschah durch die **Vereinbarung des Eigentums-vorbehalts** im Vertrag mit B. Weiterhin müsste J erneut über die Kette verfügt haben. Die Übereignung an K stellt eine solche zweite Verfügung dar. Diese Übereignung fand noch während der Schwebezeit statt, in der der Eintritt der Bedingung – also die Zahlung der letzten Rate durch B – noch möglich war. Folglich ist die Übereignung mit Zahlung der letzten Rate am Donnerstag Morgen nach § 161 I 1 relativ gegenüber B unwirksam.

Etwas anderes könnte sich aber aus §§ 161 III, 929 S.1, 932 I 1 ergeben. Nach § 161 III finden **die Vorschriften zugunsten derjenigen, die Rechte von einem Nichtberechtigten herleiten, entsprechende Anwendung.** Die Verfügung ist also nicht relativ gegenüber B unwirksam, wenn K gutgläubig war. Folglich dürfte K nach § 932 II nicht bekannt oder infolge grober Fahrlässigkeit unbekannt gewesen sein, dass die Kette unter einer aufschiebenden Bedingung veräußert wurde. K wusste nichts davon. Sie konnte deshalb gemäß der Eigentumsfiktion des § 1006 I davon ausgehen, dass J Eigentümer der Kette ist. Folglich ist K gemäß § 932 II gutgläubig. Daher ist die Übereignung des J an K nicht relativ unwirksam. K hat vielmehr nach §§ 161 III, 929 S.1, 932 I 1 Eigentum erworben.

2. Folglich ist B nicht Eigentümerin der Kette.

Ergebnis: B hat keinen Anspruch gegen K auf Herausgabe der Kette nach § 985.

II. Anspruch der B gegen K auf Herausgabe der Kette aus § 861 I

B könnte gegen K einen Anspruch auf Herausgabe der Kette aus § 861 I haben. Dazu müsste B der unmittelbare Besitz durch verbotene Eigenmacht gemäß § 858 I entzogen worden sein. Nachdem B die Kette bei J abgegeben hatte, war sie nur noch mittelbare Besitzerin. Damit konnte B der unmittelbare Besitz nicht entzogen werden. Verbotene Eigenmacht liegt außerdem nur dann vor, wenn dem Besitzer ohne seinen Willen der Besitz entzogen worden ist. K hat jedoch B den Besitz an der Kette nicht entzogen. Vielmehr hatte B die Kette freiwillig zu J gebracht. Auch verbotene Eigenmacht liegt nicht vor.

Ergebnis: B hat keinen Anspruch gegen K auf Herausgabe der Kette aus § 861 I.

III. Anspruch der B gegen K auf Herausgabe der Kette aus § 1007 I

B könnte gegen K einen Anspruch auf Herausgabe der Kette aus § 1007 I haben. Für diesen Anspruch kommt es darauf an, wer das bessere Recht zum Besitz hat. K ist, wie oben festgestellt, Eigentümerin der Kette. Damit hat sie das bessere Recht zum Besitz.

Ergebnis: B hat folglich keinen Anspruch auf Herausgabe der Kette aus § 1007 I gegen K.

IV. Anspruch der B gegen K auf Herausgabe der Kette aus § 1007 II

B könnte gegen K einen Anspruch auf Herausgabe der Kette aus § 1007 II haben. Für diesen Anspruch kommt es darauf an, ob die Sache abhanden gekommen ist. Dies ist jedoch nicht der Fall, indem B die Kette freiwillig zu J bringt.

Ergebnis: B hat folglich keinen Anspruch auf Herausgabe der Kette aus § 1007 II gegen K.

Fall 7

Sachverhalt

Räuber R hat nach einem Banküberfall 20000 Euro zur Verfügung. Damit kauft er bei Autohändler A einen Mercedes. R zahlt bar. Dies wundert A nicht weiter, da bei ihm häufig Neureiche einkaufen, die sich die Kreditkartengebühr sparen. Nachdem R mit dem Mercedes abgefahren ist, erscheint die Polizei. Die ausgeraubte Bank (B) will „das Geld" von A zurück.

Zu Recht?

Lösung

I. Anspruch der B auf Herausgabe der Geldscheine gegen A aus § 985

Die B könnte einen Anspruch auf Herausgabe der Geldscheine gegen A aus § 985 haben.

1. Dazu müsste die B Eigentümerin der Geldscheine sein.

a) Ursprünglich war sie Eigentümerin der Geldscheine. Durch den Raub des R geht das Eigentum daran nicht verloren.

b) Allerdings könnte B das Eigentum an den Geldscheinen an A verloren haben.
aa) In Betracht kommt zunächst ein **Eigentumserwerb** des A von R nach § 929 S.1. Erforderlich sind dafür dingliche Einigung, Übergabe, Einigsein zum Zeitpunkt der Übergabe und Berechtigung.

aaa) Zunächst müssten sich R und A über die Übereignung der Geldscheine geeinigt haben. R zahlt bar für den Mercedes und A akzeptiert dies. Damit liegt eine dingliche Einigung zwischen R und A nach § 929 S.1 vor.

bbb) Weiterhin bedarf es einer **Übergabe** der Geldscheine gemäß § 929 S.1. Die Übergabe ist ein Realakt. Sie erfordert die unmittelbare Besitzverschaffung. R hat A die Geldscheine verschafft und damit gemäß § 929 S.1 übergeben.

ccc) Zum Zeitpunkt der Übergabe waren sich R und A auch gemäß § 929 S.1 **einig**.

ddd) Schließlich müsste R zur Übertragung des Eigentums an den Geldscheinen **berechtigt** sein. Eine solche Berechtigung kann sich aus dem Eigentumsrecht ergeben. Allerdings ist nicht R Eigentümer der Geldscheine, sondern die B. Folglich ist R nicht gemäß § 929 S.1 berechtigt zur Übertragung des Eigentums. Ein Eigentumserwerb des A nach § 929 S. 1 scheidet folglich mangels Berechtigung des R aus.

bb) Möglicherweise kann diese fehlende Berechtigung des R durch § 932 I 1 **überwunden** werden. A müsste gutgläubig gewesen sein. Nach § 932 II darf ihm weder bekannt gewesen noch infolge grober Fahrlässigkeit unbekannt geblieben sein, dass die Geldscheine nicht R gehören. Grob fahrlässig handelt nach § 276 II, wer die im Verkehr erforderliche Sorgfalt in besonderem Maße außer Acht lässt. Eine solche Sorgfaltspflichtverletzung könnte möglicherweise darin gesehen werden, dass A die Barzahlung des R nicht auffiel. Allerdings werden in seinem Geschäft Autos oft bar bezahlt. Folglich musste er nicht an der Eigentümerstellung des R zweifeln. **Damit ist A gutgläubig nach § 932 II** [andere Ansicht (a.A.) vertretbar].

Diese Gutgläubigkeit des A überwindet gemäß § 932 I 1 die fehlende Berechtigung des R.

cc) Schließlich könnte der gutgläubige Erwerb des A aber nach § 935 I ausgeschlossen sein. Dafür müssten die Geldscheine „**abhanden gekommen**" sein. Abhandenkommen heißt, den Besitz an der Sache unfreiwillig zu verlieren. Bei dem Überfall hat die B den Besitz an den Geldscheinen **unfreiwillig** verloren. Damit liegt ein „Abhandenkommen" gemäß § 935 I vor. Allerdings findet § 935 I wegen § 935 II keine Anwendung auf Geld. Damit ist ein gutgläubiger Erwerb des A nicht nach § 935 I ausgeschlossen.

Damit hat B das Eigentum an den Geldscheinen nach §§ 929 S.1, 932 I 1 an A verloren.

2. B ist folglich nicht mehr Eigentümerin der Geldscheine.

Ergebnis: Also hat B keinen Anspruch auf Herausgabe der Geldscheine gegen A aus § 985.

II. Anspruch der B gegen A auf Herausgabe der Geldscheine aus § 861 I
Die B könnte einen Anspruch auf Herausgabe der Geldscheine gegen A aus § 861 I haben.

1. Dazu müsste die B Besitzerin der Geldscheine gewesen sein. Ursprünglich waren die Geldscheine in ihrer Filiale. Die Bankangestellten sind als **weisungsabhängige Erwerbstätige nur Besitzdiener** gemäß § 855. Folglich hatte die B die tatsächliche Herrschaft über die Geldscheine und war demnach Besitzerin.

2. Nun ist A Besitzer.

3. A müsste fehlerhaft besitzen. Fehlerhaft ist der Besitz, wenn er durch verbotene Eigenmacht erlangt wurde (§ 858 II 1). B müssten also die Geldscheine mittels verbotener Eigenmacht gemäß § 858 I entzogen worden sein. R hat die Geldscheine geraubt, und damit B den Besitz ohne ihren Willen entzogen. Damit liegt **verbotene Eigenmacht** gemäß § 858 I vor, weshalb der Besitz der Geldscheine nach § 858 II 1 fehlerhaft ist.

Fraglich ist aber, ob auch A, der vom Raub nichts wusste, fehlerhaft besitzt. A selbst hat keine verbotene Eigenmacht ausgeübt. Möglicherweise muss er sich die Handlung des R aber nach § 858 II 2 zurechnen lassen. A ist weder Erbe des R, noch kannte er dessen Fehlerhaftigkeit des Besitzes gemäß § 858 II 1. Folglich muss sich A die Handlung des R nicht zurechnen lassen. Damit besitzt A nicht fehlerhaft.

Ergebnis: Folglich hat B keinen Anspruch auf Herausgabe der Geldscheine gegen A aus § 861 I.

III. Anspruch der B gegen A auf Herausgabe der Geldscheine aus § 1007 I

B könnte einen Anspruch auf Herausgabe der Geldscheine aus § 1007 I gegen A haben. Für diesen Anspruch kommt es darauf an, wer das bessere Recht zum Besitz hat. A ist, wie oben festgestellt, Eigentümer des Geldes. Dieses Eigentumsrecht stellt ein besseres Recht zum Besitz dar.

Ergebnis: Folglich hat B gegen A keinen Anspruch auf Herausgabe der Geldscheine aus § 1007 I.

IV. Anspruch der B gegen A auf Herausgabe der Geldscheine aus § 1007 II

B könnte einen Anspruch auf Herausgabe der Geldscheine aus § 1007 II gegen A haben. Allerdings scheitert dieser Anspruch bereits nach § 1007 II 2, da er nicht auf Geld anwendbar ist.

Ergebnis: Folglich hat B keinen Anspruch auf Herausgabe der Geldscheine aus § 1007 II gegen A.

III. Gesetzlicher Eigentumserwerb

Verbindung		Vermischung	Verarbeitung
§ 946	§ 947	§ 948	§ 950
bewegliche Sache wird wesentlicher Bestandteil eines Grundstücks	zwei bewegliche Sachen werden wesentliche Bestandteile einer neuen Sache	wie § 947 sowie bei Unverhältnismäßigkeit der Kosten für die Trennung	Herstellung einer neuen Sache, wobei der Wert der Verarbeitung nicht erheblich geringer ist als Wert der neuen Sache
Grundstückseigentümer wird neuer Eigentümer	Die Alteigentümer werden anteilig Eigentümer der neuen Sache, es sei denn, eine der Sachen war Hauptsache. Alleineigentümer wird dann der Alteigentümer der Hauptsache		Der Verarbeitende wird Eigentümer
Anspruch des früheren Eigentümers: § 951 (Rechtsfortwirkungsanspruch)			

Fall 8

Sachverhalt

Farbgroßhändler B sendet dem Künstler K 200 Kilogramm Gips. K will damit seine neue Plastik „Uhrenvergleich" erstellen. Da B um die schlechte Liquidität des K weiß, liefert er unter Eigentumsvorbehalt. Es wird auch vereinbart, dass B als Hersteller der Plastik gelten soll. Nach Erstellung der Plastik, aber vor Übergabe an einen Käufer, kann K seine Schulden bei der Gläubigerbank G nicht mehr begleichen. G nimmt die Plastik an sich. Kann B die Plastik von G herausverlangen? Hat B gegen K neben § 433 II noch andere Ansprüche?

Lösung

I. Anspruch des B gegen G auf Herausgabe der Plastik aus § 985

B könnte einen Anspruch gegen G auf Herausgabe der Plastik aus § 985 haben.

1. Dazu müsste B Eigentümer der Plastik sein.

a) Ursprünglich war er Eigentümer des Gipses.

b) B könnte das Eigentum an dem Gips verloren haben, als K den Gips benutzte, um seine Plastik „Uhrenvergleich" zu gestalten. Dagegen spricht zwar der zwischen B und K vereinbarte Eigentumsvorbehalt. **Ob ein Eigentumsübergang bei einer**

Verarbeitung stattfindet, richtet sich aber nach § 950 I. Danach muss durch die Verarbeitung eine neue bewegliche Sache hergestellt worden sein. Ob eine Sache neu ist, ist danach zu beurteilen, ob sie durch die Verarbeitung einen anderen Namen oder eine neue Funktion erhält. Hier entsteht aus dem Gips die Plastik „Uhrenvergleich". 200 Kilogramm Gips sind **etwas völlig anderes** als ein Kunstwerk. Die Plastik „Uhrenvergleich" ist folglich als neue bewegliche Sache anzusehen. Daher konnte K als Verarbeitender nach § 950 I Eigentum an dem Kunstwerk begründen. Daraus ergibt sich dann der Eigentumsverlust des B an dem Gips gemäß § 950 II.

c) Fraglich ist, ob sich etwas anderes ergibt, weil K und B vereinbart hatten, dass B als Hersteller der Plastik gelten soll. Wäre diese Vereinbarung wirksam, wäre möglicherweise B **durch die Verarbeitung Eigentümer der Plastik** geworden. Umstritten ist, ob eine solche vertragliche Bestimmung des Herstellers möglich ist.

aa) Nach Ansicht der Rechtsprechung ist eine solche Vereinbarung möglich. § 950 **sei dispositives Recht und deshalb abdingbar.** Diese Norm gelte also nur, wenn die Parteien nichts anderes vereinbart haben. Wäre § 950 zwingendes Recht, müsste hier K Eigentum aufgezwungen werden. Es widerspreche aber der Privatrechtsordnung, jemanden Eigentum aufzuzwingen. Folglich ist nach dieser Ansicht B Hersteller des Kunstwerks.

bb) Nach einer anderen Ansicht ist § 950, ebenso wie §§ 946 – 949, **zwingender Natur.** Hinweise auf eine Abdingbarkeit ergeben sich nicht. Vielmehr diene § 950 dem Verkehrsschutz. Der Gesetzgeber habe gewollt, dass der tatsächliche Hersteller Eigentümer der Sache wird. Damit würde diese Sache, hier die Plastik, **auch dem Zugriff der Gläubiger zur Verfügung** stehen. Diese Wirkungen für Dritte könnten nicht vertraglich ausgeschlossen werden. Nach dieser Auffassung wäre K Hersteller.

cc) Die Ansichten kommen zu unterschiedlichen Ergebnissen. Eine Streitentscheidung ist demnach erforderlich. Für die zweite Meinung spricht die **objektive Natur des § 950**. Es kommt auf die objektive Sachlage an, wer Hersteller ist. Der tatsächlich Verarbeitende trägt das wirtschaftliche Risiko des Absatzes. Damit ist er nach objektiver Sachlage der Hersteller.

Indem § 950 das wirtschaftliche Risiko absichern will, liegt zwingendes Recht vor, das gerade nicht durch einen Vertrag abbedungen werden kann. Folglich ist die zweite Ansicht vorzugswürdig. Es ist daher nach objektiver Sachlage zu entscheiden, wer Hersteller des Kunstwerks ist. K hat die Plastik geschaffen. Damit ist er Eigentümer nach § 950 I geworden.

2. B ist folglich nicht Eigentümer des Kunstwerks.

Ergebnis: Somit hat B keinen Anspruch auf Herausgabe der Plastik aus § 985 gegen G.

II. Anspruch des B gegen K auf Entschädigung in Geld aus § 951 I 1
B könnte gegen K einen Anspruch auf Vergütung in Geld nach § 951 I 1 haben.

1. Dazu müsste zunächst ein **Rechtsverlust** des B durch die Anwendung der Vorschriften der §§ 946 bis 950 eingetreten sein. K hat den Gips zu einer Plastik nach § 950 verarbeitet. Ein Rechtsverlust des B liegt also vor.

2. Dieser Rechtsverlust müsste **zugunsten des K** eingetreten sein. Durch die Verarbeitung nach § 950 wurde K Eigentümer des Gipses. Damit ist der Rechtsverlust des B zugunsten des K eingetreten.

3. Die Rechtsfolge verweist auf §§ 812 ff. Dabei stellt § 951 nach ganz herrschender Meinung eine **Rechtsgrundverweisung** dar. Dies bedeutet, dass auch die Voraussetzungen der §§ 812 ff. geprüft werden müssen.

a) In Betracht kommt eine Nichtleistungskondiktion nach § 812 I 1 Var.2.
K hat das Eigentum an dem Gips, also eine vermögenswerte Rechtsposition, erlangt. Dies geschah nicht durch Leistung, sondern durch § 950.

b) K müsste diese Rechtsposition auf Kosten des B erlangt haben. Durch den Eigentumserwerb wurde in den Zuweisungsgehalt des Eigentumsrechts des B eingegriffen. Die Vermögensverschiebung zugunsten des K erfolgte unmittelbar.

c) Es dürfte kein **Rechtsgrund für die Vermögensverschiebung** bestehen. Als Rechtsgrund kommt § 950 in Betracht. § 950 regelt allerdings nur die Frage, wer Eigentümer ist. Er nimmt keine Vermögenswertzuordnung vor und regelt nicht das Behaltendürfen. Im Übrigen kommt § 950 auch deshalb als Rechtsgrund nicht in Betracht, da ansonsten nie ein Anspruch aus §§ 951, 812 I 1 Var.2 bestehen könnte. Für den Eigentumserwerb des K gibt es keinen Rechtsgrund.

Ergebnis: B hat gegen K einen Anspruch auf Entschädigung in Geld nach §§ 951 I 1 i.V.m. 812 I 1 Var.2.

Sachverhalt

Nach seinem Einkauf im Supermarkt zahlt Stammkunde J an der Kasse der Ladeninhaberin (L) mit einem 20 Euro-Schein. Das Rückgeld in Münzen wird, was J weiß, automatisch in eine Ausgabeschale geworfen. Bevor J an die Münzen denkt, wird er von seiner hysterischen Verlobten in die Bikini-Moden-Abteilung gerufen. J verlässt die Kasse ohne das Geld, was L nicht bemerkt. Der nachkommende Kunde C nimmt das Wechselgeld, nachdem er selbst mit Kreditkarte bezahlt hat, einfach mit.

Hat J einen Anspruch gegen C?

Lösung

I. Anspruch des J gegen C auf Herausgabe der Geldstücke aus §§ 965 ff., 681, 667

J könnte gegen C einen Anspruch aus §§ 965 ff., 681, 667 auf Herausgabe der Geldstücke haben.

1. Problematisch ist, dass die Fundvorschriften in §§ 965 ff. keinen ausdrücklichen Anspruch auf Herausgabe des Fundstückes gewähren. Sachgerecht ist daher, die Regelungen der Geschäftsführung ohne Auftrag **(GoA) ergänzend anzuwenden**. Dies ergibt sich aus der Stellung des Fundes als gesetzlichem Schuldverhältnis. Deshalb besteht möglicherweise ein Anspruch auf Herausgabe aus §§ 965 ff., 681, 667.

2. Dazu müsste zunächst ein **Fund** nach § 965 I vorliegen. Erforderlich ist, dass C die Geldstücke als verlorene Sache an sich nimmt. Dafür müssten die Geldstücke also „verloren" sein. Dies wäre der Fall, wenn sie **besitz-, aber nicht herrenlos** (§ 958 I) sind. Fraglich ist hier, ob die Geldstücke tatsächlich besitzlos sind.

a) Ursprünglich könnte L Besitz an den Geldstücken gehabt haben. Besitz ist die tatsächliche Herrschaft über eine Sache, getragen von einem Herrschaftswillen. Die Münzen befanden sich in der Kasse. Damit hatte L als Inhaberin des Ladens – sie ist folglich keine Angestellte, die nur Besitzdienerin wäre (§ 855) – **unmittelbaren Besitz** an den Geldstücken.

b) Fraglich ist, ob L den Besitz an den Münzen **verloren** hat, als diese in die Ausgabeschale geworfen wurden. Die Beendigung des Besitzes erfolgt nach § 856 I, wenn die tatsächliche Gewalt über die Sache aufgegeben wird. Für eine solche Aufgabe spricht, dass der Kunde die Geldstücke aus der Schale holen kann. Jedoch ist dazu nur der gerade bezahlende Kunde, hier also der J, befugt. Gegenüber nachfolgenden Kunden hat L bezüglich des Wechselgeldes keinen Besitzaufgabe-willen. Vielmehr kann auch L in die Ausgabeschale greifen. Damit hat sie weiterhin eine Einwirkungsmöglichkeit auf die Münzen. Folglich hat L den Besitz an den Münzen durch den automatischen Einwurf in die Ausgabeschale nicht verloren.

Daher sind die Geldstücke nicht besitzlos. Sie sind somit nicht „verloren" im Sinne von § 965 I. Also kann C nicht Finder der verlorenen Geldstücke sein.

Ergebnis: J hat gegen C keinen Anspruch aus §§ 965 ff., 681, 667 auf Herausgabe der Geldstücke.

II. Anspruch des J gegen C auf Herausgabe der Geldstücke aus § 687 II
J könnte gegen C einen Anspruch aus § 687 II auf Herausgabe der Geldstücke haben.

1. Dazu müsste C ein **fremdes Geschäft als sein eigenes** behandelt haben. Die Geldstücke liegen zum Abholen für J im Fach. Dies ist nicht das Geschäft des C. Folglich behandelt C ein fremdes Geschäft als sein eigenes.

2. Weiterhin müsste C wissen, dass er dazu nicht berechtigt ist. C hat mit Kreditkarte bezahlt. Damit weiß er, dass er kein Wechselgeld zu erwarten hat. Zudem wurde er nicht von J beauftragt. Damit weiß C um seine fehlende Berechtigung.

3. In der Rechtsfolge kann J den Anspruch auf Herausgabe aus §§ 687 II, 681 S.2, 667 geltend machen.

Ergebnis: J hat gegen C einen Anspruch aus §§ 687 II, 681 S.2, 667 auf Herausgabe der Geldstücke.

III. Anspruch des J gegen C auf Herausgabe der Geldstücke aus § 985
J könnte gegen C einen Anspruch aus § 985 auf Herausgabe des Geldes haben. Dazu müsste eine Vindikationslage bestehen (§§ 985, 986).

1. J müsste Eigentümer der Geldstücke sein.

a) Ursprünglich war L Eigentümerin der Geldstücke.

b) Fraglich ist, ob J das Eigentum an den Geldstücken von L nach § 929 S.1 erworben hat. Für einen solchen Erwerb sind Einigung, Übergabe, Einigsein im Zeitpunkt der Übergabe und die Berechtigung des Verfügenden erforderlich.

Zuerst bedarf es also einer **Einigung** zwischen J und L bezüglich des Eigentumsübergangs an den Geldstücken. Diese dingliche Einigung stellt einen Vertrag dar. Erforderlich sind also ein **Übereignungsangebot** (§ 145) sowie eine **Annahme** (§ 146). Indem L die Kasse veranlasste, die Geldstücke in die Ausgabeschale zu schütten, machte sie ein Übereignungsangebot. J denkt aber aufgrund der Rufe seiner Freundin gar nicht an die Münzen. Daher nimmt er sie nicht mit. Es fehlt also an einer Annahme nach § 146. Damit liegt keine dingliche Einigung zwischen J und L vor.

J hat das Eigentum an den Geldstücken nicht von L erworben.

2. J ist folglich nicht Eigentümer der Geldstücke.

Ergebnis: J hat keinen Anspruch gegen C auf Herausgabe der Geldstücke aus § 985.

IV. Anspruch des J gegen C auf Herausgabe der Geldstücke aus § 812 I 1 Var. 1 (Leistungskondiktion)

J könnte gegen C einen Anspruch aus § 812 I 1 Var. 1 (Leistungskondiktion) auf Herausgabe des Geldes haben. Dazu müsste C etwas ohne rechtlichen Grund durch Leistung des J erlangt haben.

Erforderlich ist also eine Leistung des J. Unter **Leistung** ist jede bewusste und zweckgerichtete Mehrung fremden Vermögens zu verstehen. J hat das Wechselgeld in der Ausgabeschale nur vergessen. Eine bewusste Mehrung des Vermögens des C liegt folglich nicht vor.

Ergebnis: J hat gegen C keinen Anspruch auf Herausgabe der Geldstücke aus § 812 I 1 Var. 1.

V. Anspruch des J gegen C auf Herausgabe der Geldstücke aus § 812 I 1 Var. 2 (Eingriffskondiktion)

J könnte gegen C einen Anspruch aus § 812 I 1 Var. 2 (Eingriffskondiktion) auf Herausgabe des Geldes haben. Dazu müsste C etwas ohne rechtlichen Grund auf Kosten des J erlangt haben. Unter **„auf dessen Kosten"** werden nur Eingriffe in den Zuweisungsgehalt eines Rechts des Kondiktionsgläubigers verstanden. J hatte aber weder Eigentum noch Besitz an den Geldstücken (siehe oben). Folglich liegt kein Eingriff des C vor.

Ergebnis: J hat gegen C keinen Anspruch auf Herausgabe der Geldstücke aus § 812 I 1 Var. 2.

Die wichtigsten Ansprüche im Eigentümer-Besitzer-Verhältnis

	Gutgläubiger und unverklagter Besitzer		Bösgläubiger oder verklagter Besitzer
Ansprüche auf Schadensersatz (Eig→Bes)	Eigenbesitzer: keine Haftung *Ausnahmen*: - § 992 - § 826	Fremdbesitzer: keine Haftung *Ausnahmen*: - Fremdbesitzerexzess - § 991 II im Dreieck	Haftung gem. §§ 990 I, 989
Ansprüche auf Nutzungsersatz (Eig→Bes)	Keine Ersatzpflicht *Ausnahmen*: 1. § 988 (unentgeltlich erlangter Besitz, str. bei rechtsgrundlosem Besitz). 2. §§ 993 I, 818 für Übermaßfrüchte		Ersatzpflicht nach §§ 990 I, 987 für tatsächlich gezogene und schuldhaft nicht gezogene Nutzungen *Ausnahme*: § 991 I (gutgl. und unverkl. mittelbarer Besitzer)
Ansprüche auf Verwendungsersatz (Bes→Eig)	Ersatz für notwendige Verwendungen gemäß § 994 I *Ausnahme*: § 994 I 2 Ersatz für nützliche Verwendungen gemäß § 996 (Wert der Sache noch erhöht) Kein Ersatz für Luxusverwendungen (nur Wegnahmerecht nach § 997)		1. Ersatz für notwendige Verwendungen gemäß § 994 II nach GoA 2. Kein Ersatz für nützliche und Luxusverwendungen (nur Wegnahmerecht, § 997)

Sachverhalt

H handelt mit Edel-Billardtischen. Als er eines Tages sein Lager betritt muss er feststellen, dass zwei seiner schönsten Billardtische aus Elfenbein im Wert von je 10,000 Euro gestohlen worden sind. Dieb D veräußert diese beiden Tische an den nichts ahnenden Leasingunternehmer U. Getreu seinem Werbeslogan: „Man least nur gut über uns" schließt U einen Leasingvertrag mit Spielhöllenbetreiber S über die zwei Tische aus Elfenbein. Mit Zustimmung des U lässt S jeden Tisch noch mit teuren Edelsteinen im Wert von je 15000 Euro schmücken. Die Tische sind der Blickfang seiner Spielhölle. Während S die Tische in Benutzung hat, beschädigt er aus Unachtsamkeit einen der Tische. Der Schaden beträgt 8000 Euro.

Kurz darauf liest S in dem Fachmagazin für Spielhallenbetreiber „Zock around the clock" eine Anzeige des H, in der dieser nach seinen gestohlenen Elfenbeintischen sucht. S identifiziert die Tische klar aufgrund des Fotos als die, die er von U geleast hat. Um sich Ärger zu ersparen, beschließt S, die Anzeige „niemals gelesen zu haben". Dennoch fliegt die ganze Sache auf. H bekommt die Tische zwar zurück, verlangt aber darüber hinaus von S Schadensersatz für die Beschädigung der Tische. S wendet ein, er habe die Tische von U rechtmäßig geleast und in die Tische durch die Anbringung des Schmucks investiert. Darüber hinaus sei der Edelsteinschmuck nicht mehr aus den Tischen zu entfernen, ohne dass das Elfenbein breche. Er wolle zumindest seine Investition ersetzt erhalten. Hat H Ansprüche gegen S?

Lösung

I. Anspruch des H gegen S auf Schadensersatz aus §§ 989, 990 I
H könnte gegen S einen Anspruch auf Schadensersatz in Höhe von 8000 Euro aus §§ 989, 990 I haben. Dazu müsste zunächst eine Vindikationslage zum Zeitpunkt des schädigenden Ereignisses vorliegen.

1. H müsste zu dieser Zeit Eigentümer gewesen sein.

a) Ursprünglich war H Eigentümer der Billardtische.

b) H könnte sein Eigentum durch Übereignung der Tische von D an U gemäß § 929 S.1 verloren haben. D und U einigten sich über den Eigentumsübergang und übergaben auch die Tische. Allerdings war D Nichtberechtigter. Über diese Nichtberechtigung könnte allenfalls gemäß § 932 I 1 der **gute Glaube des U**

47

hinweghelfen. Nach § 932 II ist nicht gutgläubig, wem bekannt oder fahrlässig unbekannt ist, dass der Übereignende nicht Eigentümer ist.

Indem U nicht wusste und auch nicht hätte erkennen können, dass D nicht Eigentümer ist, war er in gutem Glauben. Einem Erwerb durch U könnte allerdings § 935 I 1 entgegenstehen. Die Tische dürften **nicht gestohlen** worden sein. Indem D die Tische bei H entwendet hatte, steht § 935 I 1 einem wirksamen Eigentumserwerb des U entgegen.

H hat sein Eigentum damit nicht durch Übereignung des D an U verloren.

c) H könnte jedoch sein Eigentum im Wege der **Verarbeitung** durch S gemäß § 950 verloren haben. S hat die Tische mit Edelsteinen geschmückt. Durch diese Handlungen sind allerdings **keine neuen Sachen** nach § 950 entstanden. Daher scheidet ein gesetzlicher Eigentumserwerb seitens S gemäß § 950 aus. H ist also nach wie vor Eigentümer.

d) Ein Eigentumsverlust nach § 947 scheidet aus, da der Billardtisch Hauptsache nach § 947 II ist.

2. S ist Besitzer der Billardtische.

3. Er dürfte gegenüber H kein **Recht zum Besitz gemäß § 986** haben.

a) S hat die Tische von U geleast. Gegenüber U hat er also ein Recht zum Besitz. Der schuldrechtliche Vertrag mit U wirkt indes nur relativ, also nicht gegenüber H.

b) S könnte allerdings ein Recht zum Besitz **aus § 1000** zustehen, da er möglicherweise Verwendungsersatzansprüche gegen H hat. Fraglich ist allerdings, ob § 1000 überhaupt ein Recht zum Besitz gibt.

aa) Nach Ansicht des BGH sollen **Zurückbehaltungsrechte** ein Recht zum Besitz begründen. § 1000 stellt ein solches Zurückbehaltungsrecht dar. Nach dieser Ansicht stünde S also ein Recht zum Besitz an den Tischen zu.

bb) Die herrschende Lehre **lehnt** ein Recht zum Besitz aus § 1000 **ab**. Hingewiesen wird darauf, dass das Recht zum Besitz **eine rechtsvernichtende Einwendung ist und somit die Klageabweisung** zur Folge hat. Dagegen ist das Zurückbehaltungsrecht eine verzögerliche Einrede und bewirkt die Herausgabe Zug um Zug. Nach dieser Ansicht stünde S folglich kein Recht zum Besitz an den Tischen aus § 1000 zu.

cc) Für die herrschende Lehre spricht, dass der Besitzer, wollte man in § 1000 die Grundlage eines Besitzrechts sehen, schon mit Vornahme einer ersatzfähigen

Verwendung weder aus §§ 987 ff. in Anspruch genommen werden noch seinerseits aus §§ 994 ff. vorgehen könnte. Für die erste Verwendung würden andere Regeln gelten als für die folgenden Verwendungen. Dies ist nicht sachgerecht. Folglich ist § 1000 kein von § 986 erfasstes Gegenrecht.

Daher gibt § 1000 kein Recht zum Besitz. S steht kein Besitzrecht an den Tischen aus § 1000 zu.

c) Auch aus einem **Zurückbehaltungsrecht gemäß § 273** wegen etwaig bestehender Gegenforderungen ergibt sich kein Recht zum Besitz. § 273 soll nur die Vollstreckung des Anspruchs beschränken.

Also ist S unrechtmäßiger Besitzer. Daher liegt eine Vindikationslage vor.

4. Gemäß § 989 müsste eine **Verschlechterung** der Sache eingetreten sein. Der Elfenbeintisch wurde beschädigt. Der Schaden beträgt 8000 Euro. Folglich wurde die Sache verschlechtert. S müsste die Verschlechterung zu verschulden haben. Gemäß § 276 I 1 ist Verschulden Vorsatz und Fahrlässigkeit. Fahrlässig handelt nach § 276 II, **wer die im Verkehr erforderliche Sorgfalt außer Acht lässt.** Der Tisch wurde infolge einer Unachtsamkeit des S beschädigt. S fällt daher Fahrlässigkeit zur Last. Folglich liegen die Voraussetzungen des § 989 vor.

5. Weiterhin müsste S bei Erwerb des Besitzes an den Tischen nach § 990 I 1 bösgläubig gewesen sein. Nach § 932 II analog ist bösgläubig, wer sein mangelndes Recht zum Besitz kennt, oder wem dies fahrlässig unbekannt ist. Als S von U die Billardtische empfing, hatte er keinen Anhaltspunkt dafür, dass U nicht der Eigentümer der Tische war. S war also nicht gemäß § 990 I 1 bösgläubig.

Ergebnis: Folglich scheidet mangels Bösgläubigkeit ein Anspruch des H gegen S aus §§ 989, 990 I aus.

II. Anspruch des H gegen S auf Schadensersatz aus §§ 991 II, 280 I
H könnte gegen S einen Anspruch auf Schadensersatz in Höhe von 8000 Euro aus §§ 991 II, 280 I haben. Nach § 991 II haftet auch ein gutgläubiger Besitzer gemäß § 989 insoweit, als er seinem mittelbaren Besitzer gegenüber verantwortlich ist.

1. S müsste als unmittelbarer Besitzer also gegenüber einem mittelbaren Besitzer haften. Als mittelbarer Besitzer kommt U in Betracht. Zwischen U und S müsste ein **Besitzmittlungsverhältnis** gemäß § 868 bestehen, vermöge dessen der eine für den anderen besitzt. Zwischen U und S besteht ein Leasingvertrag. Dieser Vertrag begründet ein Besitzmittlungsverhältnis gemäß § 868. Folglich ist U mittelbarer Besitzer.

2. U müsste gegen S einen Anspruch haben.

a) In Betracht kommt ein Anspruch aus Verletzung einer Pflicht aus dem Leasingvertrag gemäß § 280 I.

S war als Leasingnehmer verpflichtet, mit dem Leasinggut pfleglich umzugehen. Die Beschädigung des Billardtisches stellte daher die Verletzung einer nicht **leistungsbezogenen Nebenpflicht** dar. Diese Pflichtverletzung müsste S gemäß § 280 I 2 zu vertreten haben. Der Schuldner hat Vorsatz und Fahrlässigkeit zu vertreten (§ 276 I 1). Fahrlässig handelt gemäß § 276 II, wer die im Verkehr erforderliche Sorgfalt außer Acht lässt. Indem S den Tisch aus Unachtsamkeit beschädigte, ließ er die im Verkehr erforderliche Sorgfalt außer Acht und handelte damit fahrlässig. Also hat er die Pflichtverletzung gemäß § 276 I 1 zu vertreten.

Durch die Pflichtverletzung ist U ein **Schaden** von 8000 Euro entstanden. Folglich besteht ein Anspruch des U gegen S aus § 280 I.

b) Darüber hinaus könnte man an einen Anspruch aus § 823 I denken. Ungeachtet der Frage, ob ein solcher Anspruch wegen § 993 I a.E. gesperrt oder aufgrund **eines Exzesses des Nicht-so-Berechtigten** anwendbar ist, ist zu beachten, dass U als Nichteigentümer in keinem Falle Anspruchsberechtigter eines Anspruchs aus § 823 I sein kann. Schließlich stand der Tisch nach wie vor im Eigentum des H.

Also ist S als unmittelbarer Besitzer einem Anspruch des mittelbaren Besitzers U aus § 280 I ausgesetzt. Die Voraussetzungen des § 991 II liegen mithin vor.

Daher kann H direkt von S Schadensersatz in Höhe von 8000 Euro aus §§ 991 II, 280 I verlangen.

3. S könnte allerdings möglicherweise mit eigenen Forderungen aufrechnen. Die Aufrechnung setzt gemäß §§ 387 ff. voraus, dass eine **Aufrechnungslage** vorliegt, die Aufrechnung erklärt wird und kein Aufrechnungsverbot besteht. Eine Aufrechnungslage besteht nach § 387, wenn sich **zwei gegenseitige gleichartige Forderungen gegenüberstehen**.

a) S könnte gegen H einen Anspruch auf Verwendungsersatz aus § 994 I 1 haben. Ein Eigentümer-Besitzer-Verhältnis besteht zwischen H und S. S müsste eine Verwendung gemacht haben. **Verwendungen** sind Vermögensaufwendungen, die einer Sache zugute kommen, ohne sie grundlegend zu verändern.

Indem S die Edelsteine in die Billardtische einsetzen lässt, erbringt er ein freiwilliges Vermögensopfer, das einer Sache zugute kommt. Folglich liegt eine Verwendung vor. Die Verwendung müsste gemäß § 994 I 1 notwendig sein. **Notwendig ist eine Verwendung, wenn sie zur Erhaltung oder ordnungsgemäßen Bewirtschaftung der Sache nach objektivem Maßstab erforderlich ist.** Ein Billardtisch ohne teure Edelsteine ist genauso funktionstüchtig wie die Tische mit dem Schmuck. Edelsteine einzusetzen war keine Erhaltungsmaßnahme. Daher war die Verwendung nicht notwendig.

Eine Pflicht zum Ersatz der Verwendung besteht nicht nach § 994 I 1.

b) S könnte allerdings gegen H einen Anspruch auf **Verwendungsersatz** aus § 996 haben.

aa) Dazu müsste die von S gemachte Verwendung **nützlich** gewesen sein. Nützlich ist eine Verwendung, die den Wert der Sache steigert. Sowohl aus Sicht des S als auch aus Sicht des H, der als Händler die Tische mit den Edelsteinen teurer verkaufen kann, wurde der Wert der Sache durch die Verwendung gesteigert. Damit liegt eine nützliche Verwendung vor.

bb) Nach § 996 besteht nur ein Anspruch, wenn die Wertsteigerung noch zu dem Zeitpunkt besteht, in dem der Eigentümer – hier H – seine Sache wiedererlangt. Daran ist vorliegend nicht zu zweifeln.

cc) Als S die Verwendung machte, war er gutgläubig und unverklagt. Daher besteht ein Anspruch auf Ersatz der Verwendungen gemäß § 996. Der Anspruch ist auch gemäß § 1001 S.1 Var.1 fällig, indem H die Tische zurück erhielt.

dd) Fraglich ist allerdings die **Höhe des Anspruchs**. Problematisch ist dabei, dass der Wert der Verwendung den Wert der Hauptsache übersteigt. Da die Wertsteigerung der Sache aber noch besteht, erleidet H keinen Nachteil. Die Höhe des Verwendungsersatzanspruchs beträgt 30000 Euro.

Es besteht daher ein Gegenanspruch des S gegen H, der mit der Forderung des H gleichartig ist. Also liegt eine Aufrechnungslage gemäß § 387 vor.

c) S musste nach § 388 die Aufrechnung erklärt haben. Seine Aussage, er wolle Ersatz für seine Investitionen, ist unter dem Blickwinkel der §§ 133, 157 als **Aufrechnungserklärung** auszulegen.

Ferner besteht auch kein Aufrechnungsverbot. Gemäß § 389 erlischt die Gegenforderung des H in Höhe von 8000 Euro.

Ergebnis: H hat keinen Schadensersatzanspruch gegen S aus §§ 991 II, 280 I.

Sachverhalt

M züchtet Piranhas. Als er seinem bayerischen Brieffreund B ein Bild des Riesen-Piranhas „Donald Trump" schickt, ist dieser begeistert. Er möchte M den Fisch unbedingt abkaufen. M und B werden sich einig. B überweist abredegemäß 500 Euro auf das Konto des M. Da B noch kein Aquarium hat, erklärt sich M bereit, den Piranha noch einen Monat lang zu pflegen. Nach Ablauf eines Monats bittet M, B möge das Tier abholen. B rührt sich nicht.

Auf einer Party des M sieht C, Besitzerin eines China-Restaurants, den Fisch und ist sofort hin und weg. Sie bietet M 800 Euro für den, wie sie sagt, „gloßaltigen Wasselfleund", um ihn im Aquarium ihres Restaurants auszustellen. M hat zwar zunächst Gewissensbisse, meint aber dann, es sei eben Pech für B, wenn dieser sich nicht melde. M erklärt C die Situation und beide kommen darin überein, dass C den Fisch so lange bei sich behalten kann, bis B das Tier haben will.

Nach zwei Jahren hört M immer noch nichts von B. In einem Telefongespräch mit C gibt M schließlich dem Drängen der C nach und sagt ihr, sie könne den Piranha für immer behalten. C überweist M daraufhin 800 Euro. Da M meint, er habe keinen Anspruch auf die 800 Euro, überweist er den Betrag zurück auf das Konto der C. M ist die Sache langsam leid. Er schreibt B einen langen Brief und fordert ihn auf, sich mit C auseinander zu setzen. Daraufhin verlangt B den Piranha von C.

Zu Recht?

C wendet noch ein, sie sei mit dem Fisch beim Tierarzt gewesen und habe für die Behandlung 100 Euro bezahlt.

Lösung:

I. Anspruch des B gegen C auf Herausgabe des Piranhas aus § 985
B könnte gegen C einen Anspruch auf Herausgabe des Piranhas aus § 985 haben.

1. Der § 985 müsste auf Tiere Anwendung finden. Gemäß § 90a sind Tiere zwar keine Sachen, werden aber wie solche behandelt. Folglich ist § 985 anwendbar. Es müsste eine Vindikationslage vorliegen (§§ 985, 986).

2. B müsste Eigentümer des Tieres sein.

a) Ursprünglich war M Eigentümer. Er könnte sein Eigentum durch Übereignung an B gemäß §§ 929 S.1, 930 verloren haben.

aa) Erforderlich ist zunächst gemäß § 929 S.1, dass sich M und B dinglich über den Eigentumsübergang **geeinigt** haben. Beide waren damit einverstanden, dass das Eigentum von M auf B übergeht.

52

bb) Ferner muss eine Übergabe stattgefunden haben oder ein Übergabesurrogat bestehen. Eine tatsächliche Übergabe gemäß § 929 S.1 liegt nicht vor. Als **Übergabesurrogat** kommt § 930 in Betracht. B und M müssten ein Besitzmittlungsverhältnis im Sinne des § 868 vereinbart haben, wodurch M für B besitzt und einem Herausgabeanspruch des B ausgesetzt ist. M und B waren sich einig, dass M den Fisch zunächst noch pflegen solle, bis B ein eigenes Aquarium besitzt. Durch diese Übereinkunft wird M zum unmittelbaren Fremdbesitzer und B zum mittelbaren Eigenbesitzer. Also liegt ein **Besitzmittlungsverhältnis** im Sinne des § 868 vor. M und B haben die Übergabe nach § 930 ersetzt.

cc) M war ferner Berechtigter, als er über das Eigentum am Fisch verfügte. Folglich ist das Eigentum der Piranhas von M auf B übergegangen.

b) B könnte das Eigentum hingegen durch Übereignung des M an C wieder **verloren** haben.

aa) Erforderlich ist eine dingliche Einigung nach § 929 S.1. Im Rahmen des zwischen M und C geführten Telefongesprächs sagt M, C könne den Piranha behalten. Dies ist als **Übereignungsangebot**, § 145, **auszulegen**. Indem C damit einverstanden ist, hat sie das Angebot angenommen. Eine dingliche Einigung im Sinne des § 929 S.1 liegt also vor.

bb) Ferner erforderlich ist eine Übergabe oder ein Surrogat. In Betracht kommt das Übergabesurrogat des § 929 S.2. Wenn der Erwerber bereits Besitzer der veräußerten Sache ist, reicht es aus, wenn sich die Parteien über den Eigentumsübergang einig sind. Dies ist hier der Fall.

cc) M müsste **Berechtigter** gewesen sein. Er hat zuvor allerdings den Fisch bereits an B übereignet und war deshalb nicht mehr Eigentümer. Folglich verfügte M als Nichtberechtigter.

Die Nichtberechtigung des M könnte allerdings durch die Vorschriften über den gutgläubigen Erwerb **überwunden** worden sein. Die einschlägigen Vorschriften sind §§ 932 I 1 sowie 932 I 2.

Die Erwerberin C müsste gutgläubig gewesen sein (§ 932 I 1) und den Besitz vom Veräußerer erlangt haben (§ 932 I 2). Zwar hat C den Fisch von M, also vom Veräußerer erlangt. Zweifel ergeben sich indes in Bezug auf die Gutgläubigkeit der C. Gemäß § 932 II ist gutgläubig, wer das fehlende Eigentum des Veräußerers nicht kannte und wem es auch nicht grob fahrlässig unbekannt war. Indem M den ganzen Sachverhalt geschildert hat, wusste C, dass M den Fisch an B übereignet hatte und nun nur noch Besitzer des Piranhas war.

Indem C die Nichtberechtigung des M kannte, war sie nicht in gutem Glauben. Ein gutgläubiger Erwerb nach §§ 929 S.2, 932 I 1, 932 I 2 scheidet somit aus. Folglich ist B noch Eigentümer des Fisches.

3. C ist Besitzerin.

4. C könnte ein Recht zum Besitz gemäß § 986 zustehen. In Betracht kommt ein **Recht zum Besitz aus § 1000.**

Umstritten ist allerdings, ob § 1000 überhaupt ein Recht zum Besitz gibt.

a) Nach Ansicht des BGH sollen **Zurückbehaltungsrechte ein Recht zum Besitz begründen.** § 1000 stellt ein solches Zurückbehaltungsrecht dar. C hat für Tierarztkosten 100 Euro bezahlt. Dies sind Vermögensaufwendungen, die dem Tier zugute kommen, mithin Verwendungen gemäß § 1000. Nach dieser Ansicht stünde C also ein Recht zum Besitz am Piranha zu.

b) Die herrschende Lehre lehnt ein Recht zum Besitz aus § 1000 ab. Hingewiesen wird darauf, dass das Recht zum Besitz eine **rechtsvernichtende Einwendung** ist und somit die Klageabweisung zur Folge hat. Dagegen ist das Zurückbehaltungs-recht eine verzögerliche Einrede und bewirkt die Herausgabe Zug um Zug. Nach dieser Ansicht stünde C folglich kein Recht zum Besitz am Fisch aus § 1000 zu.

c) Für die herrschende Lehre spricht, dass der Besitzer, wollte man in § 1000 die Grundlage eines Besitzrechts sehen, weder aus §§ 987 ff. in Anspruch genommen werden noch seinerseits aus §§ 994 ff. vorgehen könnte; schon mit Vornahme einer ersatzfähigen Verwendung wäre für die Fortgeltung der §§ 994 ff. kein Raum mehr. Folglich ist § 1000 kein von § 986 erfasstes Gegenrecht. **Daher gibt § 1000 kein Recht zum Besitz.** C steht kein Besitzrecht an dem Piranha aus § 1000 zu.

5. C könnte allerdings ein Recht zum Besitz aus § 986 I 1 Var.2 geltend machen. Dazu müsste C ein Besitzrecht von einem mittelbaren Besitzer ableiten, der wiederum gegenüber dem Eigentümer zum Besitz berechtigt ist. M könnte ein solcher mittelbarer Besitzer sein. Im Rahmen des zwischen ihm und B vereinbarten Besitzmittlungsverhältnisses, einem Verwahrungsvertrag nach § 688, besaß M für B. Problematisch ist allerdings, dass der Verwahrungsvertrag M kein Besitzrecht auf Zeit gibt. Zwar haben M und B vereinbart, M solle den Fisch zumindest einen Monat pflegen. Diese Abmachung enthält allerdings **nur eine Pflicht für M (vgl. § 688), nicht etwa ein Recht.** B hätte als Hinterleger nach § 695 den Fisch jederzeit, also auch vor Ablauf der Monatsfrist, zurückfordern können. Dies stellt § 695 S.2 ausdrücklich klar. Aus dem Verwahrungsvertrag kann der Verwahrer daher kein Recht zum Besitz gegenüber dem Hinterleger ableiten.

Folglich hat C kein Recht zum Besitz aus § 986 I 1 Var.2. Also liegt eine Vindikationslage vor.

Zwischenergebnis: B hat gegen C einen Anspruch auf Herausgabe des Piranhas aus § 985.

6. Diesem Anspruch könnte C ein Zurückbehaltungsrecht aus § 1000 entgegensetzen.

a) Dies setzt voraus, dass C **Verwendungen** geltend machen kann, die ihr von B zu ersetzen sind.

In Betracht kommt ein Anspruch auf Verwendungsersatz wegen der Tierarztkosten in Höhe von 100 Euro aus § 994 I 1.

C müsste eine Verwendung gemacht haben, als sie den Arzt bezahlte.

Verwendungen sind Vermögensaufwendungen, die einer Sache zugute kommen, ohne sie grundlegend zu verändern. Die Behandlung beim Tierarzt kommt dem Fisch unmittelbar zugute. Er wird durch die Behandlung auch nicht umgestaltet. Folglich hat C eine Verwendung gemacht.

b) Ferner müsste im Zeitpunkt der Verwendung ein Eigentümer-Besitzer-Verhältnis bestanden haben. Zum Zeitpunkt, in dem C die Behandlungskosten begleicht, ist B Eigentümer des Fischs und C unberechtigte Besitzerin. Also liegt ein Eigentümer-Besitzer-Verhältnis vor.

c) Gemäß § 994 II sind Verwendungen nach Maßgabe des § 994 I **nur bis zum Zeitpunkt der in § 990 genannten Haftung** ersatzfähig. Dies bedeutet, dass C gutgläubig gewesen sein müsste. Maßstab ist dabei § 932 II analog. Es kommt also darauf an, ob C wusste, dass sie nicht Eigentümerin war oder ob es ihr zumindest grob fahrlässig unbekannt war.

C wusste, dass nicht sie, sondern B Eigentümer des Piranhas war. C war also bösgläubig. Folglich kann sie wegen § 994 II keine Verwendungen nach § 994 I verlangen. Sie ist auf Ansprüche aus Geschäftsführung ohne Auftrag beschränkt.

7. Gegenanspruch der C: C könnte gegen B einen Anspruch aus §§ 994 II, 683 S.1, 677, 670 auf Ersatz der Aufwendungen für die Behandlung des Piranhas haben.

a) C muss zunächst ein Geschäft im Sinne des § 677 geführt haben. Es genügt dafür jedes Tätigwerden. Indem C mit dem Fisch zum Arzt ging, wurde sie tätig und hat damit ein Geschäft geführt.

b) Dieses Geschäft müsste **fremd** gewesen sein. Fremd ist ein Geschäft, wenn es in den Rechtskreis eines anderen fällt. Es ist Sache des Eigentümers des Piranhas, für dessen Gesundheit zu sorgen. Indem C als Nichteigentümerin diese Aufgabe wahrnahm, führte sie ein objektiv fremdes Geschäft.

c) C müsste darüber hinaus mit **Fremdgeschäftsführungswillen** gehandelt haben. Bei einem objektiv fremden Geschäft, wie es hier vorliegt, wird der Fremdgeschäftsführungswille vermutet.

d) Gemäß § 683 S.1 ist erforderlich, dass die von C übernommene Geschäftsführung **dem Interesse sowie dem wirklichen oder zumindest dem mutmaßlichen Willen des Geschäftsherrn entspricht.** B wusste nicht, dass ein Arztbesuch anstand. Folglich kommt es auf seinen mutmaßlichen Willen an, also darauf, ob der Geschäftsherr bei objektiver Beurteilung der Gesamtumstände der Geschäftsübernahme zugestimmt hätte. Ein Arztbesuch ist, da er der Erhaltung des Tieres dient, vernünftig. B hätte dem zugestimmt. Die Geschäftsführung der C geht damit mit dem mutmaßlichen Willen des B konform. Die Geschäftsführung liegt auch im Interesse des B.

Folglich kann C Aufwendungen wie ein Beauftragter ersetzt verlangen (§ 683 S.1). Die einschlägige Vorschrift des Auftragsrechts ist § 670.

e) C müsste **Aufwendungen** getätigt haben. Indem C die Arztrechnung beglich, erbrachte sie ein freiwilliges Vermögensopfer. Folglich tätigte C eine Aufwendung.

f) Grundsätzlich hat B diese Aufwendung zu ersetzen. Die Ersatzpflicht könnte allerdings wegen § 994 I 2 ausgeschlossen sein.

Fraglich ist zunächst, ob § 994 I 2 auf einen Anspruch gemäß §§ 994 II, 683 S.1, 670 Anwendung findet.

§ 994 I 2 gilt, wie sich aus § 994 II ergibt, grundsätzlich nur für den gutgläubigen Besitzer. Würde man § 994 I 2 allerdings nicht auf einen Anspruch des bösgläubigen Besitzers nach §§ 994 II, 683 S.1, 670 anwenden, so könnte der bösgläubige Besitzer Aufwendungsersatz für Erhaltungsmaßnahmen verlangen, obwohl ihm Nutzungen verbleiben. Der gutgläubige Besitzer könnte wegen § 994 I 2 keinen Verwendungsersatz für Erhaltungskosten verlangen, wenn ihm Nutzungen verbleiben.

Im Ergebnis stünde der bösgläubige Besitzer besser als der gutgläubige Besitzer. Dies ist ein Wertungswiderspruch, der nur dadurch gelöst werden kann, dass § 994 I 2 entsprechend auf den Anspruch aus §§ 994 II, 683 S.1, 670 Anwendung findet.

C kann daher keinen Anspruch aus §§ 994 II, 683 S.1, 670 geltend machen, wenn ihr Nutzungen verblieben sind. Nutzungen sind gemäß § 100 Früchte und Gebrauchsvorteile. Früchte im Sinne des § 99 hat C nicht gezogen. Indem C den Fisch in Ihrem Restaurant im Aquarium ausstellen kann, könnte sie einen **Gebrauchsvorteil** haben. C übt die mit der Innehabung einer Sache verbundenen Rechte aus. Die Attraktivität des Restaurants wird durch ein Aquarium mit Piranha erhöht. Die Möglichkeit der Benutzung des Fischs ist damit ein Gebrauchsvorteil. Die Bewertung des Gebrauchsvorteils richtet sich nach der üblichen Miete. Es ist davon auszugehen, dass die Miete eines Riesenpiranhas für zwei Jahre mindestens den Betrag der Arztkosten in Höhe von 100 Euro erreicht [a.A. natürlich vertretbar].

Folglich hat C Nutzungen erhalten, die den Wert der getätigten Aufwendung kompensieren. Daher liegen die Voraussetzungen des § 994 I 2 vor. C kann also keinen Anspruch aus §§ 994 II, 683 S.1, 670 geltend machen.

Dem Anspruch des B kann C damit kein Zurückbehaltungsrecht aus § 1000 entgegensetzen.

Ergebnis: B hat gegen C einen Anspruch auf Herausgabe des Piranhas aus § 985.

II. Anspruch des B gegen C auf Herausgabe des Piranhas aus § 1007 I

B könnte gegen C einen Anspruch auf Herausgabe des Piranhas aus § 1007 I haben. Für diesen Anspruch kommt es darauf an, wer das bessere Recht zum Besitz hat.

1. B müsste den Piranha früher im Besitz gehabt haben. In dem Moment, in dem B den Fisch von M gemäß §§ 929 S.1, 930 erwarb, wurde er **mittelbarer Eigenbesitzer**. Damit hatte B den Fisch früher in seinem Besitz.

2. Der Fisch ist mittlerweile im Besitz des Anspruchsgegners C. C müsste beim Erwerb des Besitzes bösgläubig gewesen sein (§ 1007 I). Dies war der Fall. Die Voraussetzungen von § 1007 III liegen nicht vor.

Ergebnis: B hat gegen C Anspruch auf Herausgabe des Piranhas aus § 1007 I.

III. Anspruch des B gegen C auf Herausgabe des Piranhas aus § 1007 II

B könnte gegen C einen Anspruch auf Herausgabe des Piranhas aus § 1007 II haben. Dazu müsste der Piranha dem unmittelbaren Besitzer abhanden gekommen sein. Gibt der unmittelbare Besitzer, wie hier M, freiwillig den Besitz auf, liegt kein Abhandenkommen vor.

Ergebnis: Folglich scheidet ein Anspruch des B gegen C aus § 1007 II aus.

Hinweis: Der Richter-Verlag hat auch zwei Juristische Grundkurse zum Sachenrecht im Programm. Hans-Peter Richter: Sachenrecht 1 und Christian Rauda: Sachenrecht 2 (Immobiliarsachenrecht).

V. Nachbarrecht

Übersicht zu § 1004

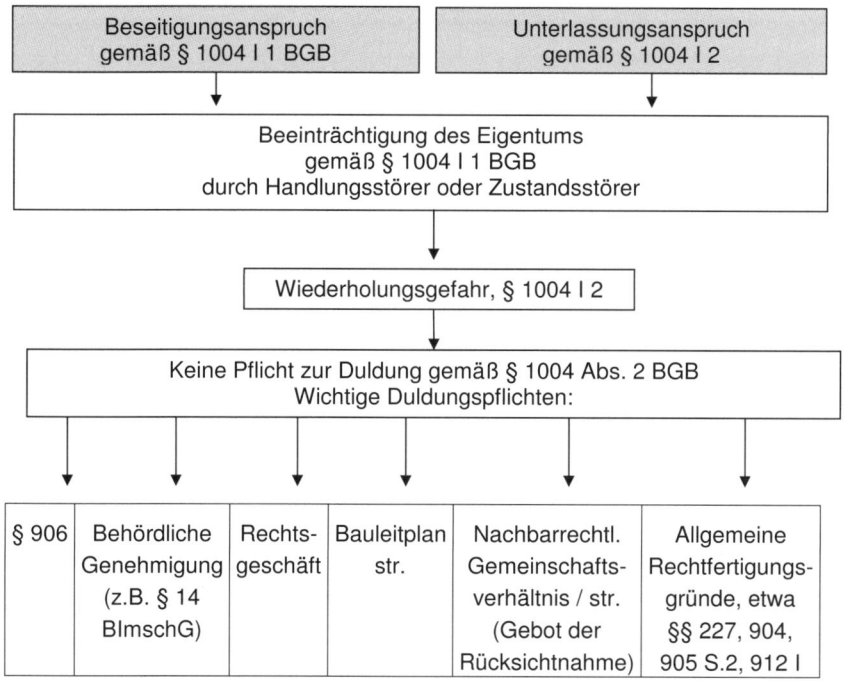

Beseitigungsanspruch gemäß § 1004 I 1 BGB	Unterlassungsanspruch gemäß § 1004 I 2

Beeinträchtigung des Eigentums
gemäß § 1004 I 1 BGB
durch Handlungsstörer oder Zustandsstörer

Wiederholungsgefahr, § 1004 I 2

Keine Pflicht zur Duldung gemäß § 1004 Abs. 2 BGB
Wichtige Duldungspflichten:

§ 906	Behördliche Genehmigung (z.B. § 14 BImschG)	Rechts- geschäft	Bauleitplan str.	Nachbarrechtl. Gemeinschafts- verhältnis / str. (Gebot der Rücksichtnahme)	Allgemeine Rechtfertigungs- gründe, etwa §§ 227, 904, 905 S.2, 912 I

Fall 12

Sachverhalt

Unternehmer U hat in dem beschaulichen Kurstädtchen Bad Breisig ein riesiges Erlebnisbad eröffnet, um der Langeweile der Gäste ein Ende zu bereiten. Die Idylle wird allerdings durch Sprengungen in dem 200 Meter entfernten Steinbruch des B getrübt. B ist zwar im Besitz aller erforderlichen öffentlich-rechtlichen Genehmigungen für den Steinbruch, und er betreibt den Steinbruch auch mit äußerster Sorgfalt. Dennoch ist nicht zu verhindern, dass hin und wieder faustgroße Steinbrocken auf das Grundstück des U fallen. Zwar ist bisher glücklicherweise noch kein Schaden entstanden, da die Steine zufälligerweise auf die Wiese gefallen sind. U fürchtet allerdings um seine Marmorstatuen des griechischen Gottes Cuno, die den Beckenrand säumen. Als B von U zur Rede gestellt wird, verteidigt er sich damit, dass das Grundstück nicht ihm, sondern E gehöre. Er selbst sei nur Pächter des Steinbruchs. Kann U von B und E die Stilllegung des Steinbruchs verlangen?

Lösung

Erster Teil: Ansprüche des U gegen B

I. Anspruch des U gegen B auf Unterlassung aus § 1004 I

U könnte einen Anspruch gegen B auf Unterlassung von Sprengungen im Steinbruch aus § 1004 I 1, 2 haben. Dazu müsste das Eigentum des U anders als durch Vorenthaltung oder Entziehung beeinträchtigt worden sein.

1. Indem durch die Inbetriebnahme des Steinbruchs und die damit verbundenen Sprengungen Steine auf das Grundstück des U fallen, könnte eine Beeinträchtigung seines Eigentums vorliegen. Das Eigentum des U wird zwar weder entzogen noch vorenthalten. Allerdings wird U in der **Nutzung seines Eigentums eingeschränkt**. Sein umfassendes Recht zur Nutzung, das ihm aufgrund § 903 zusteht, kann er nun nicht mehr ausüben. Schließlich gefährden fliegende Gesteinsbrocken den Badebetrieb seiner Erlebnistherme. Folglich liegt eine Beeinträchtigung gemäß § 1004 I 1 vor.

2. B müsste diese Beeinträchtigung verursacht haben. Er müsste also Störer sein. Die Beeinträchtigung durch die herabfallenden Steine vom Steinbruch sind **direkt** auf Handlungen des B, nämlich seine Sprengungen zurückzuführen. B ist daher **Handlungsstörer**.

Folglich liegen die Voraussetzungen des § 1004 I 1 vor.

3. Rechtsfolge wäre die Beseitigung der Beeinträchtigung, im vorliegenden Fall also die Entfernung der Steine, die durch die Sprengungen auf das Grundstück des U gefallen sind. Diese Rechtsfolge trifft indes nicht das Begehren des U. Dieser fordert von B die Stilllegung des Steinbruchs. Gemäß § 1004 I 2 kann auch Unterlassung verlangt werden, sofern weitere Beeinträchtigungen zu befürchten sind. Es besteht nach wie vor das Risiko, dass bei Sprengungen Steine auf das Grundstück des U fallen werden. B hat zum Ausdruck gebracht, dass er seinen Steinbruch weiter betreiben werde. Daher liegt eine Wiederholungsgefahr im Sinne des § 1004 I 2 vor.

4. Der Anspruch des U gegen B aus § 1004 I 1, 2 könnte allerdings **wegen § 1004 II ausgeschlossen** sein. Dazu müsste eine Duldungspflicht seitens U bestehen.

a) Als **Duldungspflicht** kommt § 906 I 1 in Betracht. Dazu müsste es sich bei den Immissionen um unwägbare Stoffe, also Gase, Dämpfe, Gerüche, Erschütterungen, Rauch oder ähnliches handeln. Vorliegend dringen allerdings Gesteinsbrocken auf das Grundstück des U, also so genannte „Grobimmissionen". Steine sind keine unwägbaren Stoffe. Daher scheidet § 906 I 1 als Duldungspflicht aus.

b) U könnte jedoch **aufgrund öffentlich-rechtlicher Vorschriften** gezwungen sein, die fliegenden Steine zu dulden. So folgt aus § 14 BImSchG eine Pflicht des Nachbarn zur Duldung von Einwirkungen. Hinter dieser Regelung steckt der Gedanke, dass ein Nachbar nicht verlangen kann, dass der Betrieb einer Anlage eingestellt wird, die zuvor behördlich genehmigt worden ist. Schließlich ist der Genehmigungsbescheid als Verwaltungsakt der zuständigen Behörde unanfechtbar und damit bestandskräftig geworden. Der Nachbar kann daher die Einwirkung nur verhindern, indem er bereits im Genehmigungsverfahren die Verletzung einer sein subjektiv-öffentliches Recht schützenden Norm darlegt.

Die Problematik der den Nachbarn belastenden Einwirkungen wird damit vorgezogen und im Rahmen des Genehmigungsverfahrens erörtert. Nach Abschluss des Genehmigungsverfahrens hat der Nachbar dann keine privatrechtlichen Ansprüche mehr. Er kann nur noch gemäß § 14 I 2 und § 14 II BImSchG vertretbare Vorkehrungen verlangen, die die Einwirkungen ausschließen.

Fraglich ist allerdings, ob § 14 I 1 BImSchG vorliegend **überhaupt anwendbar** ist. § 19 II BImSchG normiert nämlich, dass § 14 keine Anwendung findet, soweit das so genannte vereinfachte Verfahren einschlägig ist. Dies richtet sich nach § 19 I BImSchG in Verbindung mit der 4. BImSchVO, also der Verordnung über genehmigungsbedürftige Anlagen. § 2 I 1 dieser Verordnung verweist für das vereinfachte Verfahren auf die Anlage, in der unter 2.1 „Steinbrüche mit einer Abbaufläche von weniger als 10 ha, soweit Sprengstoffe verwendet werden" aufgeführt sind. Folglich ist das vereinfachte Verfahren einschlägig und daher ist wegen § 19 II BImSchG die Vorschrift des § 14 BImSchG nicht anwendbar. Aus ihm kann sich also keine Duldungspflicht ergeben.

c) Rechtsgeschäftlich ist U auch nicht zur Duldung verpflichtet. Es könnte sich allenfalls etwas anderes aus dem **nachbarrechtlichen Gemeinschaftsverhältnis** ergeben. Nachbarn sind zur gegenseitigen Rücksichtnahme verpflichtet. Die Pflicht zur Duldung von Immissionen ist allerdings im Gesetz in § 906 klar festgelegt, so dass ein Rückgriff auf den allgemeinen Grundsatz des Rücksichtnahmegebots weder erforderlich noch geboten ist. Aus dem nachbarrechtlichen Gemeinschaftsverhältnis kann sich also keine Duldungspflicht ergeben.

d) Eine Duldungspflicht könnte sich **aus Art. 12 I GG** ergeben. B betreibt den Steinbruch zum regelmäßigen, legalen Einkommenserwerb. Es handelt sich also um eine Berufsausübung, die von Art. 12 I GG geschützt wird. In erster Linie gewähren die Grundrechte Abwehrrechte gegen den Staat. Sie entfalten aber auch Drittwirkung in Privatrechtsverhältnissen. Damit könnte sich B hier möglicherweise auf Art. 12 I GG berufen.

Allerdings wird die Berufsfreiheit **nicht schrankenlos gewährt**. Hier besteht ein Konflikt mit dem Eigentumsrecht des U aus Art. 14 I GG. Wenn andere ihre Grundrechte nicht mehr ausüben können, muss die Berufsfreiheit aus Art. 12 I GG zurückstehen.

Folglich ergibt sich aus Art. 12 I GG keine Duldungspflicht.

e) Im Ergebnis besteht keine Pflicht des U, gemäß § 1004 II die fliegenden Gesteinsbrocken zu dulden.

Ergebnis: U hat damit einen Anspruch gegen B auf Unterlassung der Beeinträchtigung gemäß § 1004 I 1, 2.

II. Anspruch des U gegen B auf Unterlassung aus § 862 I 2
U könnte einen Anspruch gegen B auf Unterlassung von Sprengungen im Steinbruch aus § 862 I 2 haben.

1. Dazu müsste U gemäß § 862 I 1 als Besitzer in seinem Besitz durch verbotene Eigenmacht gestört worden sein. Verbotene Eigenmacht liegt gemäß § 858 I vor, wenn der Besitzer ohne seinen Willen im Besitz gestört wird. Durch die fliegenden Gesteinsbrocken wird der Besitz des U beeinträchtigt. Diese Beeinträchtigung geschieht ohne seinen Willen. Störer ist B. Daher liegt verbotene Eigenmacht im Sinne des § 858 I vor.

2. Gemäß § 862 I 2 kann Unterlassung nur verlangt werden, wenn weitere Störungen zu besorgen sind. B weigert sich, auf Sprengungen zu verzichten. Folglich liegt eine Wiederholungsgefahr vor.

3. Der Anspruch könnte gemäß § 862 II ausgeschlossen sein. Dazu müsste U gegenüber dem Störer B oder dessen Rechtsvorgänger fehlerhaft besitzen.

Dies ist nicht der Fall. Folglich ist der Anspruch des U gegen B auch nicht ausgeschlossen.

Ergebnis: Also hat U gegen B einen Anspruch auf Unterlassung von Sprengungen im Steinbruch aus § 862 I 2.

III. Anspruch des U gegen B auf Unterlassung aus § 907 I 1
U könnte einen Anspruch gegen B auf Unterlassung der Inbetriebnahme des Steinbruchs aus § 907 I 1 haben.

Bei dem Steinbruch müsste es sich um eine Anlage gemäß § 907 I 1 handeln. Anlagen sind künstlich geschaffene Werke von gewisser Selbstständigkeit und Dauer. Ein Steinbruch ist kein künstlich geschaffenes Werk. § 907 I scheidet also aus.

Ergebnis: U hat keinen Anspruch gegen B auf Unterlassung der Inbetriebnahme des Steinbruchs aus § 907 I 1.

IV. Anspruch des U gegen B auf Unterlassung aus § 823 I
U könnte einen Anspruch gegen B auf Unterlassung von Sprengungen im Steinbruch aus § 823 I haben.

Rechtsfolge des Anspruchs aus § 823 I ist allerdings Schadensersatz und nicht Unterlassung. Der Anspruch auf Unterlassung bei Beeinträchtigung des Eigentumsrechtes ist in § 1004 I 1, 2 niedergelegt. Diese Norm ist für Unterlassungsansprüche aus Eigentum spezieller. Schäden macht U nicht geltend. Sein Begehren richtet sich vielmehr darauf, in Zukunft Beeinträchtigungen seines Eigentums zu verhindern. Dafür bietet § 823 I nicht die geeignete Rechtsfolge. Im Übrigen liegt auch kein Verschulden seitens B vor.

Ergebnis: U hat keinen Anspruch gegen B auf Unterlassung von Sprengungen im Steinbruch aus § 823 I.

V. Anspruch des U gegen B auf Unterlassung aus §§ 1004 I i.V.m. 823 I

U könnte einen Anspruch gegen B auf Unterlassung von Sprengungen im Steinbruch aus §§ 1004 i.V.m. 823 I haben.

Im Rahmen des so genannten quasinegatorischen Unterlassungsanspruchs wird der Kreis der im Rahmen von § 1004 geschützten Rechtsgüter auch auf die Rechtsgüter erstreckt, die in § 823 I genannt sind.

1. In Betracht kommt vorliegend eine drohende Beeinträchtigung des Leibes und des Lebens der Kurgäste. Problematisch ist allerdings, dass U als Anspruchsteller **nicht** die **Beeinträchtigung fremder Rechte geltend machen** kann.

2. U könnte sich allerdings darauf berufen, dass ein **Eingriff in seinen eingerichteten und ausgeübten Gewerbebetrieb** vorliegt. Der eingerichtete und ausgeübte Gewerbebetrieb ist Schutzgut des § 823 I, soweit ein unmittelbarer und betriebsbezogener Eingriff vorliegt.

a) Ein **betriebsbezogener Eingriff** liegt vor, wenn der spezifisch betriebliche Organismus beeinträchtigt wird. Die Beeinträchtigung muss über eine bloße Behinderung hinausgehen. Hier droht die Landung fliegender Gesteinsbrocken. Dies kann das Ansehen des Erlebnisbades dauerhaft schädigen. Niemand wird in ein Schwimmbad gehen, in dem sein Leben bedroht ist. Dieser Eingriff ist auch unmittelbar.

Folglich wurde der eingerichtete und ausgeübte Gewerbebetrieb beeinträchtigt.

b) Es muss gemäß § 1004 I 2 eine **Wiederholungsgefahr** bestehen. B will die Sprengungen weiter fortführen. Damit besteht Wiederholungsgefahr.

c) Ferner darf keine **Duldungspflicht** gemäß § 1004 II bestehen. Die Rechtswidrigkeit wird nicht indiziert, sondern muss positiv festgestellt werden, da es sich bei dem Recht am eingerichteten und ausgeübten Gewerbebetrieb um ein so genanntes „Rahmenrecht" handelt.

Es ist daher zu fragen, ob das schädigende Verhalten gegen Gebote der gesellschaftlichen Rücksichtnahme verstoßen hat. Wer mit seinem Verhalten das Leben anderer und damit auch deren wirtschaftliche Betätigung akut gefährdet, verstößt gegen das Gebot der gesellschaftlichen Rücksichtnahme. Folglich war der Eingriff in das Recht am eingerichteten und ausgeübten Gewerbebetrieb des U rechtswidrig.

d) Ob beim quasinegatorischen Unterlassungsanspruch ein **Verschulden** notwendig ist, ist zweifelhaft. Indem lediglich die Rechtsgüter des § 823 I in § 1004 I hineingelesen werden und § 1004 I kein Verschulden voraussetzt, ist von einem verschuldensunabhängigen Anspruch auszugehen.

Ergebnis: U hat also einen Anspruch gegen B auf Unterlassung von Sprengungen im Steinbruch aus §§ 1004 I 1, 2 i.V.m. 823 I.

Zweiter Teil: Ansprüche des U gegen E

I. Anspruch des U gegen E auf Unterlassung aus § 1004 I
U könnte einen Anspruch gegen E auf Unterlassung von Sprengungen im Steinbruch aus § 1004 I 1, 2 haben.

1. Dazu müsste das Eigentum des U anders als durch Vorenthaltung oder Entziehung beeinträchtigt worden sein. Dies ist der Fall.

2. E müsste **Störer** sein. Die Beeinträchtigung durch die herabfallenden Steine vom Steinbruch sind direkt auf Handlungen des B, nämlich seine Sprengungen, zurückzuführen. E, der selbst nicht gehandelt hat, gehört nur das Grundstück. Er ist nicht Handlungsstörer, könnte aber **als Zustandsstörer** zur Rechenschaft zu ziehen sein.

a) Zustandsstörer ist der Eigentümer einer Sache, von der eine Beeinträchtigung ausgeht, sofern die Beeinträchtigung zumindest mittelbar auf seinen Willen zurückgeht. Das **bloße Eigentum** alleine **reicht** also für die Qualifizierung zum Zustandsstörer **nicht aus**. Es muss vielmehr ein subjektives Element hinzutreten. E hat B den Steinbruch verpachtet. E wusste also, dass es zu Beeinträchtigungen des Grundstücks des U durch fliegende Steine kommen könnte. Indem er zugelassen hat, dass B den Steinbruch betreibt, geht die Beeinträchtigung wenigstens mittelbar auf den Willen des E zurück.

E ist folglich Zustandsstörer.

b) Damit liegen die Voraussetzungen des § 1004 I 1 vor. Indem weitere Beeinträchtigungen durch fliegende Steine zu befürchten sind, kann gemäß § 1004 I 2 auch **Unterlassung** verlangt werden.

c) Eine **Duldungspflicht** gemäß § 1004 II besteht seitens des Anspruchstellers U nicht.

3. Problematisch ist allerdings, ob E überhaupt die Möglichkeit hat, Beeinträchtigungen in Zukunft zu verhindern. Schließlich hat E das Grundstück an B **verpachtet**. B hat demnach gegenüber E ein Recht zum Besitz.

Allerdings könnte E ein **außerordentliches Kündigungsrecht** des Pachtvertrages gemäß §§ 581 II, 543 zustehen. Es könnte ein wichtiger Grund gemäß § 543 I 2 vorliegen. Dann dürfte E die Fortsetzung des Pachtverhältnisses aufgrund besonderer Umstände nicht zumutbar sein. Durch die fliegenden Steine wird das Eigentum des U beeinträchtigt. Darüber hinaus drohen aber auch lebensgefährdende Gesundheitsbeschädigungen der Gäste des U. Es ist E nicht zuzumuten, dass er zusehen muss, wie von seinem Grundstück aus das Leben anderer Menschen gefährdet wird. Also steht E ein außerordentliches fristloses Kündigungsrecht zu.

Daher kann E seiner Unterlassungsverpflichtung infolge des Kündigungsrechts gegenüber U auch nachkommen.

Ergebnis: U hat einen Anspruch gegen E auf Unterlassung von Sprengungen im Steinbruch aus § 1004 I 1, 2.

II. Anspruch des U gegen E auf Unterlassung aus § 862 I 2
U könnte einen Anspruch gegen E auf Unterlassung von Sprengungen im Steinbruch aus § 862 I 2 haben.

1. U wurde gemäß § 862 I 1 als Besitzer in seinem Besitz durch verbotene Eigenmacht gemäß § 858 I gestört. E ist zwar kein Handlungsstörer. Indem die Störung allerdings auf seiner Gestattung beruht, ist er als Zustandsstörer einzuordnen.

2. Die nach § 862 I 2 für einen Unterlassungsanspruch erforderliche Wiederholungsgefahr liegt ebenfalls vor.

3. Der Anspruch ist ferner nicht gemäß § 862 II ausgeschlossen.

Ergebnis: Also hat U gegen E einen Anspruch auf Unterlassung von Sprengungen im Steinbruch aus § 862 I 2.

Gesamtergebnis: B und E haften gegenüber U als Gesamtschuldner, § 840 entsprechend.

Fall 13

Sachverhalt

Auf der CeBiT hat sich V eine neue Schnürsenkelbindemaschine zugelegt. Sein altes Modell „Seiler I" will er nun zu Geld machen. Er findet schnell einen Interessenten: Sein Mitbewohner K war schon immer scharf auf die Maschine. Allerdings kann K die von V verlangten 400 Euro nicht sofort aufbringen. Deshalb vereinbaren beide Ratenzahlung. Zudem behält sich V das Eigentum bis zur Zahlung der letzten Rate vor. K erhält also die Maschine und zahlt monatlich 50 Euro, bislang insgesamt vier Mal.

Eines Tages erzählt V seiner blinden Professorin P von der Maschine. P ist besonders von deren einfacher Bedienbarkeit (nur 2 Knöpfe) begeistert und bietet V 600 Euro für das Gerät. V verschweigt, dass er die Maschine bereits an K veräußert hat. Um sich das gute Geschäft aber nicht entgehen zu lassen, holt V die Maschine aus dem Zimmer des abwesenden K und gibt sie der anwesenden P.

K erfährt am Tag darauf von den Vorfällen. Er ist mit alledem nicht einverstanden und drückt V 200 Euro in die Hand. Anschließend verlangt er von P die Schnürsenkelbindemaschine heraus. P kommt nun zu Ihnen in die Kanzlei und meint, als Strafrechtlerin habe sie zwar keine Ahnung vom BGB. Aber es sei doch zu berücksichtigen, dass sie blind sei und daher nicht habe erkennen können, dass V die Maschine aus dem Zimmer des K besorgt hatte. Kann K von P die Maschine verlangen?

Lösung

I. Anspruch des K gegen P auf Herausgabe der Maschine aus § 861 I

K könnte gegen P einen Anspruch auf Herausgabe der Maschine aus § 861 I haben.

1. K war ursprünglich Besitzer der Maschine. Trotz seiner Abwesenheit bleibt er unmittelbarer Besitzer der Maschine im Sinne von § 856 II.

2. Nun ist P Besitzerin der Maschine.

3. Der Besitz der P müsste fehlerhaft nach § 858 II sein. Fehlerhaft ist der Besitz, wenn er durch verbotene Eigenmacht erlangt wurde. Verbotene Eigenmacht liegt nach § 858 I vor, wenn dem unmittelbaren Besitzer ohne seinen Willen der Besitz entzogen worden ist. Hier geht V in das Zimmer des K. Indem V die Maschine aus dem Zimmer des K mitnimmt, entzieht er diese dem Besitz des K. Verbotene Eigenmacht gemäß § 858 I liegt auch vor, wenn ein rechtmäßiger mittelbarer

Besitzer die Sache dem unmittelbaren Besitzer entzieht. Folglich sind die Voraussetzungen des § 858 I erfüllt.

Fraglich ist, ob auch der Besitz der P fehlerhaft ist. Aufgrund ihrer Blindheit hatte sie nichts davon mitbekommen, dass V die Maschine aus dem Zimmer des K geholt hat. Damit kennt P die Fehlerhaftigkeit des Besitzes nicht. Sie muss sich folglich nach § 858 II 2 die verbotene Eigenmacht des K nicht zurechnen lassen. Damit ist der Besitz der P nicht fehlerhaft.

Ergebnis: K hat keinen Anspruch gegen P auf Herausgabe der Maschine aus § 861 I.

II. Anspruch des K auf Herausgabe der Maschine aus § 985 gegen P
K könnte gegen P einen Anspruch auf Herausgabe der Maschine aus § 985 haben. Dazu müsste eine Vindikationslage vorliegen.

1. Zuerst müsste K Eigentümer der Maschine sein.

a) Ursprünglich war V Eigentümer der Maschine.

b) K könnte das Eigentum aber nach § 929 S.1 von V erworben haben. Für einen Eigentumserwerb sind Einigung, Übergabe, Einigsein im Zeitpunkt der Übergabe und die Berechtigung des Verfügenden nötig.

aa) Fraglich ist, ob ein Eigentumsübergang bereits zum Zeitpunkt der Aushändigung der Maschine stattfand. Dazu bedürfte es einer Einigung nach § 929 S.1. Diese Einigung muss einen **vollständigen Eigentumsübergang** an der Maschine von V an K umfassen. V hatte sich jedoch bis zur vollständigen Kaufpreiszahlung sein Eigentum an der Maschine vorbehalten. Im Zeitpunkt der Aushändigung der Maschine lag folglich nur eine bedingte Einigung gemäß §§ 929 S.1, 158 I vor.

K könnte damit nur ein **Anwartschaftsrecht** auf das Eigentum an der Maschine **erworben** haben. Ein Anwartschaftsrecht ist ein ungeschriebenes, aber wesensgleiches Minus zum Vollrecht Eigentum. Auf das Anwartschaftsrecht finden die Vorschriften des Sachenrechts Anwendung. Es ist davon auszugehen, dass beim Scheitern eines Eigentumserwerbs zumindest ein Anwartschaftsrecht an der Sache übertragen werden soll. Das Anwartschaftsrecht, welches K hier erworben hat, **erstarkt zum Vollrecht Eigentum, wenn die Bedingung eintritt.** Der Eintritt der Bedingung war von diesem Zeitpunkt an nur noch von einer Handlung des K abhängig.

bb) Das Anwartschaftsrecht des K könnte zum Vollrecht Eigentum erstarkt sein, als K die restlichen 200 Euro des Kaufpreises an V zahlt. Problematisch könnte sein, dass V zu diesem Zeitpunkt gar nicht mehr das Eigentum an K übertragen möchte. Insoweit könnte es an dem für § 929 S.1 **notwendigen Einigsein** im Zeitpunkt des Eigentumsübergangs **fehlen**.

Zu beachten ist jedoch, dass K mit Entstehung des Anwartschaftsrechts eine **gesicherte Rechtsposition inne** hat, die der andere, hier V, nicht mehr einseitig zerstören können soll. Wenn K also alle Raten bezahlt, was hier geschehen ist, bedarf es eines Einigseins zum Zeitpunkt der Eigentumsübertragung nicht mehr. Es reicht mithin aus, wenn ein Einigsein bei Übergabe vorliegt. Dies war hier zwischen V und K gegeben. Damit ist das Anwartschaftsrecht zum Vollrecht erstarkt.

c) Möglicherweise steht einem Eigentumserwerb des K die Verfügung des V an P entgegen. Für eine Übereignung bedarf es der Voraussetzungen nach § 929 S.1. V und P einigten sich über den **Eigentumswechsel**. V übergab P die Maschine auch. Schließlich war V zu diesem Zeitpunkt noch Eigentümer und damit Berechtigter. Folglich wurde P Eigentümerin der Maschine nach § 929 S.1.

Diese Übereignung könnte jedoch **nach § 161 unwirksam** sein. V hatte zugunsten des K aufschiebend bedingt verfügt. Diese bedingte Verfügung ermöglicht V als Eigentümer zwar die Übereignung an P, jedoch wird diese Zwischenverfügung nach § 161 I mit Bedingungseintritt unwirksam, soweit sie das bedingt eingeräumte Recht beeinträchtigt. Mit Zahlung der 200 Euro von K an V wurde damit die Verfügung von V an P nach § 161 I grundsätzlich unwirksam.

Schließlich ist aber § 161 III zu beachten. Danach finden die §§ 932 ff., also die Gutglaubensvorschriften, entsprechende Anwendung. P wusste aufgrund ihrer Blindheit nicht, dass die Maschine bedingt an K übereignet war. Sie konnte es auch nicht wissen. Damit ist P gutgläubig nach § 932 II. Dieser gute Glaube könnte die fehlende Berechtigung des V aufheben.

Allerdings ist zu beachten, dass § 161 III auch auf § 935 I verweist. Danach ist der Eigentumserwerb von abhanden gekommenen Sachen nicht möglich. **Abhanden gekommen ist eine Sache, wenn sie dem unmittelbaren Besitzer ohne seinen Willen entzogen wurde.** Als V in das Zimmer des K geht, nimmt er ohne dessen Willen die Maschine einfach mit. Folglich liegt ein „Abhandenkommen" nach § 935 I vor. Damit scheidet ein gutgläubiger Erwerb der P aus.

Also steht einem Eigentumserwerb des K die Verfügung des V an P nicht entgegen.

K ist folglich Eigentümer der Maschine.

2. P ist Besitzerin.

3. P dürfte kein Recht zum Besitz nach § 986 haben. Der Kaufvertrag mit V wirkt nur relativ und entfaltet deshalb keine Wirkungen gegenüber K. Folglich hat P kein Recht zum Besitz nach § 986.

Ergebnis: K hat einen Anspruch gegen P auf Herausgabe der Maschine nach § 985.

III. Anspruch des K gegen P auf Herausgabe der Maschine aus § 1007 II

K könnte gegen P einen Anspruch auf Herausgabe der Maschine aus § 1007 II haben. Entscheidend ist, wer das bessere Recht zum Besitz hat. K ist Eigentümer der Maschine (siehe oben). Dies stellt ein besseres Recht zum Besitz dar.

Ergebnis: K hat einen Anspruch gegen P auf Herausgabe der Maschine aus § 1007 II.

Fall 14

Sachverhalt

F hat sich auf den Handel mit Fallschirmen spezialisiert. Um sein Unternehmen mit Kapital zu versorgen, hat er alle zukünftigen Ansprüche gegen Kunden zur Sicherung eines Kredits der B-Bank abgetreten. Stofffabrikant S liefert F eine große Menge Fallschirme unter verlängertem Eigentumsvorbehalt.

F verkauft diese Fallschirme an den fallschirmspringenden Olympiasieger M weiter, der zusagt, binnen zwei Wochen zu zahlen.

Als in der Zwischenzeit die Nachfrage an Fallschirmen plötzlich durch einen Doping-Skandal des M schlagartig zurückgeht, gerät F in Zahlungsschwierigkeiten. Die B-Bank zieht die Kaufpreisforderung der F gegen M sofort ein. Daraufhin zahlt M an die B-Bank.

S beschwert sich darüber. Ihm habe die Forderung zugestanden. Er verlangt von der B-Bank Zahlung. Zu Recht?

Lösung

Anspruch des S gegen die B-Bank aus § 816 II

S könnte gegen die B-Bank einen Anspruch auf Zahlung des eingezogenen Betrags aus § 816 II haben. Dazu müsste M an die B-Bank als Nichtberechtigte geleistet haben.

1. Eine Berechtigung besteht, wenn die B-Bank das Geld einziehen durfte. F hat der B-Bank alle zukünftigen Forderungen gegen seine Kunden im Voraus gemäß § 398 abgetreten. Fraglich ist, ob eine solche Abtretung möglich ist.

a) Sie könnte gegen den **Bestimmtheitsgrundsatz** verstoßen. Zukünftige Forderungen sind noch nicht bestimmbar. Es genügt indes, wenn sie zum Zeitpunkt ihres Bestehens bestimmbar sind. Dies ist der Fall. Folglich war eine **Vorausabtretung der Forderung** gegen M möglich. Die Abtretung der Forderung an die Bank erfolgte zeitlich vor der Vereinbarung des verlängerten Eigentumsvorbehalts zwischen F und S. Aufgrund des **Prioritätsprinzips** steht daher grundsätzlich der Bank die Forderung zu.

b) Fraglich ist allerdings die **Wirksamkeit der Globalzession**. Es kommt insbesondere ein Verstoß gegen § 138 I in Betracht. Danach sind Rechtsgeschäfte nichtig, die gegen die guten Sitten verstoßen. Es könnte ein unangemessener Knebelungsvertrag vorliegen. Dies wäre der Fall, wenn die Vorausabtretung die wirtschaftliche Freiheit des F so beschränkt, dass er zum Werkzeug der B-Bank wird. Dies kann nur dann bejaht werden, wenn die Abtretung aller Kundenforderungen dazu führt, dass der Schuldner F in völliger **wirtschaftlicher Abhängigkeit** nur noch für den Gläubiger, hier die B-Bank, arbeitet. Es müsste eine Lähmung der wirtschaftlichen Bewegungsfreiheit des F im Ganzen erfolgen. Hier sichert F aber nur einen Kredit ab. Der Kredit ermöglicht ihm, Kapital zu erreichen, welches er laut Sachverhalt für seinen Betrieb benötigt. Ein unangemessener Knebelungsvertrag ist daher zu verneinen.

c) Es könnte allerdings eine **unangemessene Übersicherung** vorliegen. Auf der einen Seite steht das Interesse der B-Bank, die für ihren Kredit an F möglichst umfassend gesichert sein möchte. Dies soll auch dann so sein, wenn es zu einer Zahlungsunfähigkeit kommt. Dieses Ziel erreicht die B-Bank, indem sie sich Forderungen abtreten lässt, die in der Höhe über die zu sichernde Forderung, den Kredit an F, hinausgehen.

Auf der anderen Seite steht das Interesse des F, der eine **möglichst große wirtschaftliche Beweglichkeit** anstrebt, woran ihn abgetretene Forderungen hindern. Nach Ansicht des BGH ist die ausdrückliche Festlegung einer **Deckungsgrenze** nicht notwendig. Indem die B-Bank schutzwürdig ist, auch wenn die abgetretenen Ansprüche die Höhe des Kredites übersteigen, ist dieser Ansicht zu folgen. Eine unangemessene Übersicherung liegt nicht vor.

d) Eine **Sittenwidrigkeit gemäß § 138 I** könnte sich unter dem Gesichtspunkt der Verleitung zum Vertragsbruch ergeben. Die Lieferung unter Eigentumsvorbehalt ist im Wirtschaftsleben die Regel. Wer sich alle Forderungen im Voraus abtreten lässt (Globalzession), macht es seinem Vertragspartner unmöglich, Geschäfte zu tätigen, innerhalb derer sich der Lieferant das Eigentum an der Ware vorbehält. Ohne solche Geschäfte ist der Betrieb eines Unternehmens indes nicht aufrechtzuerhalten. Folglich wird der Sicherungsgeber genötigt, seinen Lieferanten die Globalzession zu verschweigen und damit den verlängerten Eigentumsvorbehalt ins Leere laufen zu lassen.

Die B-Bank hat vorliegend F zum Vertragsbruch verleitet, indem sie im Rahmen der Vereinbarung über die Globalzession nicht die Forderungen aus Übereignung von Vorbehaltseigentum ausgenommen hat.

Folglich war die Globalzession gemäß § 138 I sittenwidrig. Also war die Bank Nichtberechtigte.

2. Die von M an die Bank bewirkte Zahlung müsste auch wirksam gewesen sein. Diese Wirksamkeit könnte sich hier aus § 408 I 1 analog ergeben. Nach § 408 I 1 findet die Vorschrift des § 407 I Anwendung, wenn der Schuldner nach einer **Mehrfachabtretung** leistet. Im vorliegenden Fall hat der Gläubiger des Kaufpreisanspruchs, F, die Forderung gegen M nicht mehrmals abgetreten. Vielmehr hat die Bank die Forderung eingezogen und M zur Zahlung aufgefordert. Es kommt daher eine Analogie zu § 408 I 1 in Betracht. Aus Sicht des Schuldners ergibt sich kein Unterschied. Es besteht daher ein Bedürfnis, den Schuldner zu schützen.

Folglich ist die Leistung des M an die B-Bank gemäß § 408 I 1 analog als wirksam anzusehen.

Ergebnis: S hat gegen die B-Bank einen Anspruch auf Zahlung des eingezogenen Betrags aus § 816 II.

Sachverhalt

Die Firma F verkauft Kosmetika, die sie meist über unabhängige Verkäufer unters Volk bringt. V ist als selbstständiger Verkäufer unterwegs. Eines Tages verkauft er der Kundin K einige Lippenstifte. V teilt F mit, sie solle die Lippenstifte an K schicken. So geschieht es. Nachdem sich herausstellt, dass K von Anfang an wegen Verarmung niemals wird zahlen können, verlangt V Herausgabe von K. Zu Recht?

Abwandlung

V erhält von F eine Festanstellung. Gegenüber seinen früheren Kunden erweckt er allerdings den Anschein, als sei er immer noch selbstständig. Mit K schließt er den Vertrag seines Lebens über 300 Paletten Selbstbräuner und verspricht, die Ware werde angeliefert. F präsentiert er den Vertragsabschluss und nennt die Lieferadresse des K. Nachdem F die Ware mit einem LKW angeliefert hat, zahlt K in Unkenntnis der Umstände direkt an V. Dieser setzt sich mit dem Geld auf die Bahamas ab. F verlangt von K die Paletten zurück. Hat F einen Anspruch aus § 985?

Lösung des Grundfalls

Anspruch des V gegen K auf Herausgabe der Lippenstifte aus § 985

V könnte gegen K einen Anspruch auf Herausgabe der Lippenstifte aus § 985 haben. Dazu müsste eine Vindikationslage bestehen (§§ 985, 986).

1. V müsste Eigentümer der Lippenstifte sein.

a) Ursprünglich war F Eigentümerin.

b) Fraglich ist, ob dieses Eigentum gemäß § 929 S.1 durch den Versand von F an K übergegangen ist. Dazu bedarf es Einigung, Übergabe, Einigsein im Zeitpunkt der Übergabe und der Berechtigung des Verfügenden.

Eine Einigung über den Eigentumsübergang ist hier nicht ersichtlich. F und K hatten gar keinen Kontakt miteinander. Kontakt hatten F nur mit V. Es fehlt also an einer Einigung gemäß § 929 S.1 zwischen K und F.

c) Das Eigentum könnte jedoch nach § 929 S.1 von F an V übergegangen sein. Eine Einigung darüber liegt zwischen V und F vor. Problematisch ist aber die Übergabe. V erhält die Kosmetika nicht tatsächlich. Allerdings weist er F an, direkt an K zu liefern. Die Übergabe erfolgt **also auf Geheiß des V**. Bei solchen **Streckengeschäften** erfolgt der Versand aus Gründen der Vereinfachung vom Großhändler direkt an den

Käufer. K ist daher Geheißperson auf Erwerberseite. Auch wenn das Eigentum von V sofort weiterübertragen wird, wird angenommen, dass in solchen Fällen ein Eigentumserwerb für eine logische Sekunde (Durchgangserwerb) stattfindet. V wurde also, indem F als Berechtigte verfügt, Eigentümer nach § 929 S.1.

d) V könnte das Eigentum an den Kosmetika aber nach § 929 S.1 an K verloren haben. Dazu bedarf es zunächst einer Einigung über den Eigentumsübergang. Diese erfolgt konkludent in den Verkaufsgesprächen. Ferner müsste eine Übergabe vorliegen. V überträgt den unmittelbaren Besitz nicht an K. V bedient sich vielmehr der F als **Geheißperson auf Veräußererseite**. Indem F den Besitz auf Geheiß des V an K überträgt, ist eine Übergabe erfolgt. Schließlich ist V als Eigentümer, wenn auch nur für eine juristische Sekunde, Berechtigter nach § 929 S.1. Damit hat V das Eigentum an den Kosmetika nach § 929 S.1 an K verloren.

e) Dieser Eigentumsübergang könnte jedoch unwirksam sein. In Betracht für eine rückwirkende Unwirksamkeit kommt eine **Anfechtung** nach § 142 I. Für eine Anfechtung bedarf es einer Anfechtungserklärung gegenüber dem richtigen Anfechtungsgegner (§ 143) innerhalb der Anfechtungsfrist sowie eines Anfechtungsgrundes.

aa) Eine Anfechtung erklärt V konkludent in seinem Herausgabeverlangen an K. Der Begriff „Anfechtung" muss nicht fallen, vielmehr ist sein Begehren dahingehend auszulegen (§§ 133, 157).

bb) Diese Anfechtung wird auch gegenüber K als richtiger Anfechtungsgegnerin erklärt, § 143 I.

cc) Zudem bedarf es eines **Anfechtungsgrundes**. Dies könnte eine Täuschung nach § 123 I Var.1 sein. Eine **Täuschung** ist das bewusste Erregen eines Irrtums durch Vorspiegeln falscher Tatsachen oder pflichtwidriges Unterdrücken von Tatsachen. K hat bei V Kosmetika bestellt, obwohl sie völlig verarmt ist. Wer Ware kauft, gibt damit konkludent zum Ausdruck, dass er sie bezahlen kann, und er folglich den Vertrag zu halten gewillt ist. K hat V also falsche Tatsachen über ihre Zahlungsbereitschaft vorgespiegelt. Dies geschah zumindest bedingt vorsätzlich und daher arglistig. Eine Täuschung nach § 123 I Var.1 liegt vor. Hier betrifft die Täuschung nicht nur das obligatorische Geschäft, sondern, weil es um die Möglichkeit des Bezahlens geht, **auch das dingliche Geschäft**. Damit ist ein Anfechtungsgrund gegeben.

dd) Von der Einhaltung der Anfechtungsfrist nach § 124 I ist auszugehen.

Dies bedeutet, dass die dingliche Einigung ex tunc nichtig ist und damit kein Eigentum von V an K übertragen wurde. V ist ex tunc Eigentümer geblieben.

2. K ist Besitzerin der Lippenstifte.

3. K hat kein Recht zum Besitz, § 986.

Ergebnis: V hat einen Anspruch gegen K auf Herausgabe der Lippenstifte aus § 985.

Lösung der Abwandlung
Anspruch der F gegen K auf Herausgabe der Paletten aus § 985
F könnte gegen K einen Anspruch auf Herausgabe der Paletten aus § 985 haben. Dazu müsste eine Vindikationslage bestehen (§§ 985, 986).

1. F müsste Eigentümerin der Lippenstifte sein.

a) Ursprünglich war F Eigentümerin.

b) Fraglich ist, ob dieses Eigentum durch den Versand von F an K gemäß § 929 S.1 übergegangen ist. Dazu bedarf es Einigung, Übergabe, Einigsein im Zeitpunkt der Übergabe und der Berechtigung des Verfügenden.

Eine Einigung über den Eigentumsübergang müsste zwischen F und K vorliegen. Eine solche Einigung ist hier nicht ersichtlich. F und K hatten gar keinen Kontakt miteinander. Es fehlt also an einer Einigung gemäß § 929 S.1 zwischen K und F.

c) Das Eigentum könnte jedoch durch **Übereignung** seitens V an K übergegangen sein nach § 929 S.1.

aa) Eine Einigung darüber liegt zwischen V und K vor.

bb) Problematisch ist aber die Übergabe. V überträgt den unmittelbaren Besitz nicht an K. Dies erledigt F. F könnte **Geheißperson** des V sein. Dazu müsste sie sich allerdings **seinem Willen unterwerfen und für ihn übergeben**. F ist allerdings der Ansicht, sie erfülle eine eigene Verpflichtung. Also ist sie nicht Geheißperson. Aus der Sicht des K handelt es sich bei F um eine Geheißperson. K denkt, F liefere auf Geheiß des V. F ist daher so genannte **Scheingeheißperson**.

Ob die Scheingeheißperson der Geheißperson gleichzustellen ist, ist fraglich.

aaa) Macht man sich klar, was sich K vorstellt, wenn F die Ware anliefert, so gelangt man zu dem Ergebnis, dass sich der gute Glaube des K auf die Geheißlage bezieht. Der gute Glaube an das Bestehen einer Geheißlage wird vom Gesetz aber nicht geschützt. Dies spricht gegen die Anerkennung einer Scheingeheißperson im Rahmen des § 929 S.1.

bbb) Andererseits spricht für die Gleichstellung von Scheingeheißlage und tatsächlicher Geheißlage, dass aus der Perspektive des K kein Unterschied besteht. Man kann hierzu die Wertung des § 932 heranziehen. Im Übrigen wurde die Übergabe von F an K **zumindest mittelbar durch V veranlasst**. Folglich ist von einer wirksamen Übergabe durch die Scheingeheißperson F auszugehen.

cc) V und K waren sich auch im Zeitpunkt der Übergabe einig.

dd) V müsste allerdings als Berechtigter gehandelt haben. V war zu keiner Zeit Eigentümer der Ware. Daher verfügte er als Nichtberechtigter. Eine Eigentums-übertragung gemäß § 929 S.1 kommt damit nicht in Betracht.

Die fehlende Berechtigung könnte jedoch gemäß § 932 I 1 durch den guten Glauben des Erwerbers, hier K, überwunden worden sein. Nach § 932 II handelt nicht gutgläubig, wer das fehlende Eigentum des Veräußerers kennt oder grob fahrlässig verkennt. Bezugspunkt des guten Glaubens ist der Rechtsschein des Besitzes (§ 1006 I). Vorliegend hatte V als Veräußerer allerdings keine Besitzposition inne. Er war weder mittelbarer noch unmittelbarer Besitzer. Daher könnte man argumentieren, **für einen Eigentumserwerb nach §§ 929 S.1, 932 I 1 fehle die Basis, also der Bezugspunkt des Rechtsscheins des Besitzes**. Gegen eine solche Auffassung spricht indes, dass der Empfänger der Leistung nicht wissen kann, welche Absichten der Lieferant wirklich verfolgt. Für den Leistungsempfänger ist nicht erkennbar, ob sich der Lieferant dem Geheiß des Veräußerers unterwirft. Aus der Perspektive des Erwerbers kann nur der Veräußerer als Herr der Sache angesehen werden. Daher muss die faktische Lieferung als genügender tatsächlicher Anknüpfungspunkt für guten Glauben ausreichen. Es liegt somit ein ausreichender Rechtsschein vor. K ist also gutgläubig im Sinne des § 932 II.

Indem die Ware nicht abhanden gekommen ist, besteht kein Ausschluss nach § 935 I. K hat also wirksam Eigentum von V gemäß §§ 929 S.1, 932 I 1 erworben. F ist nicht mehr Eigentümerin der Paletten.

Ergebnis: F hat gegen K keinen Anspruch auf Herausgabe der Paletten aus § 985.

Sachverhalt

Partykönig P ist bekannt für seine rauschenden Feste. Nach einer durchzechten Nacht vergisst Discoqueen D bei P ihren wertvollen Diamantring. Der Ring ist 8000 Euro wert und trägt die Gravur „Let's dance". Als am nächsten Tag das Imperium des P zusammenfällt und auf Betreiben des G, eines Gläubigers des P, der Gerichtsvollzieher bei P auftaucht, findet der Gerichtsvollzieher den Ring und pfändet ihn. Einige Wochen später, bei der ordnungsgemäßen Versteigerung des Rings, erhält Schnäppchenjäger S, ein Ex-Freund der D, den Zuschlag für 5000 Euro. S hatte den Ring im Auktionskatalog an der Gravur „Let's dance" wiedererkannt. Ihm war klar, dass P unmöglich der Eigentümer des Rings sein konnte. Mit dem Erlös von 5000 Euro wurden Schulden des P bei G getilgt.

Ein paar Tage nach der Auktion kommt D auf die Idee, dass sie den Ring bei P vergessen haben könnte. Als P ihr die Wahrheit beichtet, tobt D und fragt, welche Ansprüche gegen G und S bestehen.

Lösung

A. Ansprüche der D gegen S

I. Anspruch der D gegen S auf Herausgabe des Rings aus § 985

D könnte einen Anspruch gegen S auf Herausgabe des Rings aus § 985 haben.

1. Dazu müsste diese Vorschrift vorliegend überhaupt anwendbar sein. In der Zwangsvollstreckung können die materiell-rechtlichen Herausgabeansprüche nicht geltend gemacht werden. Es ist vielmehr der Rechtsbehelf der **Drittwiderspruchsklage gemäß § 771 ZPO** geltend zu machen. Vorliegend wurde der Ring versteigert. Das Verfahren der Zwangsvollstreckung ist also schon beendet. Folglich ist also der materiell-rechtliche Herausgabeanspruch des § 985 anwendbar.

2. Es müsste eine Vindikationslage bestehen, das heißt, D müsste Eigentümerin und S unrechtmäßiger Besitzer sein.

a) Ursprünglich war D Eigentümerin des Rings.

b) D könnte ihr Eigentum jedoch durch die Versteigerung verloren haben. Durch Versteigerung erwirbt der Ersteigerer originär das Eigentum gemäß § 1242. Problematisch könnte vorliegend sein, dass S bezüglich des Eigentums des P nicht gutgläubig war. S war klar, dass D ihren Ring nie freiwillig an P übereignet hätte. Fraglich ist, ob die Bösgläubigkeit des S seinen Eigentumserwerb verhindert. **Der Eigentumserwerb nach § 1242 setzt nur die Rechtmäßigkeit der Versteigerung**

voraus. Indem die Versteigerung rechtmäßig war, kommt es auf den guten Glauben des Erwerbers S nicht an. S hat also originär das Eigentum am Ring erworben. D ist nicht mehr Eigentümerin des Rings.

Ergebnis: D hat demnach keinen Herausgabeanspruch gegen S aus § 985.

II. Anspruch der D gegen S auf Herausgabe des Rings aus § 1007 I
D könnte gegen S einen Anspruch auf Herausgabe des Rings aus § 1007 I haben.

1. D müsste frühere Besitzerin gewesen sein. Ursprünglich hatte D den Ring im Besitz, bevor sie ihn bei P liegen ließ.

2. Der Anspruchsgegner S müsste aktueller Besitzer sein. Nachdem S den Ring ersteigert hat, wurde er Besitzer des Rings.

3. S müsste als späterer Besitzer bei Besitzerwerb nach §§ 1007 I, 932 II analog bösgläubig gewesen sein. S wusste, dass der Ring nicht P, sondern D gehörte. Insofern war S bezüglich des Besitzerwerbes bösgläubig.

4. Der Anspruch könnte allerdings gemäß § 1007 II 1 ausgeschlossen sein. Hat der spätere Besitzer das Eigentum erworben, so kann der frühere Besitzer einen Herausgabeanspruch aus § 1007 I nicht geltend machen. S hat originär gemäß § 1242 Eigentum erworben.

Ergebnis: Folglich ist ein Herausgabeanspruch der D gegen S aus § 1007 I gemäß § 1007 II 1 ausgeschlossen.

III. Anspruch der D gegen S auf Herausgabe des Rings aus § 1007 II
D könnte gegen S einen Anspruch auf Herausgabe des Rings aus § 1007 II haben. D war frühere Besitzerin und S ist aktueller Besitzer. Der früheren Besitzerin D müsste der Ring abhanden gekommen sein. Abhanden gekommen ist eine Sache, wenn sie dem Besitzer ohne dessen Willen entzogen worden ist.

D hat ihren Ring bei P vergessen. Er ist ihr nicht abhanden gekommen.

Ergebnis: Daher scheidet ein Anspruch der D gegen S aus § 1007 II aus.

IV. Anspruch der D gegen S auf Herausgabe des Rings aus § 861

D könnte einen Anspruch gegen S auf Herausgabe des Rings aus § 861 haben. Dazu müsste D der Besitz von S durch verbotene Eigenmacht gemäß § 858 entzogen worden sein. D hat ihren Besitz allerdings verloren, indem sie den Ring bei P liegen ließ. Der Besitz wurde ihr folglich nicht entzogen. Es liegt also keine verbotene Eigenmacht vor.

Ergebnis: D hat daher keinen Anspruch gegen S auf Herausgabe des Rings aus § 861.

V. Anspruch der D gegen S auf Herausgabe des Rings aus §§ 681 S.2, 667

D könnte einen Anspruch gegen S auf Herausgabe des Rings aus §§ 681 S.2, 667 haben.

Dazu müssten die Voraussetzungen einer berechtigten Geschäftsführung ohne Auftrag vorliegen. S müsste ein fremdes Geschäft geführt haben. Das Ersteigern des Rings ist zwar ein Geschäft. Dieses Geschäft ist allerdings nicht ein Geschäft der früheren Eigentümerin D und folglich nicht fremd.

Ergebnis: Daher scheidet ein Anspruch der D gegen S auf Herausgabe des Rings aus §§ 681 S.2, 667 aus.

VI. Anspruch der D gegen S auf Herausgabe des Rings aus § 823 I

D könnte einen Anspruch gegen S auf Herausgabe des Rings aus § 823 I haben. Dazu müsste S ein absolutes Rechtsgut der D verletzt haben. In Betracht kommt vorliegend eine Verletzung des Eigentums. Indem S den Ring ersteigerte, schloss er D von ihrer Position als frühere Eigentümerin aus. Insoweit liegt eine Rechtsverletzung vor.

Fraglich ist allerdings, ob diese Rechtsverletzung auch rechtswidrig war. S erwarb das Eigentum originär durch Zuschlag im Rahmen der Versteigerung. Der Eigentumserwerb vollzog sich durch einen Hoheitsakt des Gerichtsvollziehers. Insofern wurde S rechtmäßiger Eigentümer. Also scheidet eine rechtswidrige Verletzung des Eigentums der D durch S aus.

Ergebnis: D hat keinen Anspruch gegen S auf Schadensersatz in Form von Herausgabe des Rings nach § 823 I.

VII. Anspruch der D gegen S auf Herausgabe des Rings aus § 816 I 1

D könnte einen Anspruch gegen S auf Herausgabe des Rings aus § 816 I 1 haben. Dazu müsste ein Nichtberechtigter eine Verfügung getroffen haben, die dem Berechtigten gegenüber wirksam ist.

Der Gerichtsvollzieher hat vorliegend das Eigentum am Ring übertragen. Der Gerichtsvollzieher handelt im staatlichen Auftrag und daher mit Berechtigung. Er ist nicht Nichtberechtigter. Darüber hinaus trifft er auch keine Verfügung, sondern überträgt das Eigentum durch Hoheitsakt.

Ergebnis: Daher scheidet ein Anspruch der D gegen S auf Herausgabe des Rings aus § 816 I 1 aus.

VIII. Anspruch der D gegen S auf Herausgabe des Rings aus § 816 II

D könnte einen Anspruch gegen S auf Herausgabe des Rings aus § 816 II haben. Dazu müsste an einen Nichtberechtigten eine Leistung bewirkt worden sein. S müsste also Nichtberechtigter gewesen sein. Jemand, der als Ersteigerer eine Sache erwirbt, erwirbt aufgrund der Versteigerungsvorschriften als Berechtigter. S ist also kein Nichtberechtigter.

Ergebnis: Damit hat D gegen S keinen Anspruch auf Herausgabe des Rings aus § 816 II.

IX. Anspruch der D gegen S auf Herausgabe des Rings aus § 812 I 1 Var.1 (Leistungskondiktion)

D könnte gegen S einen Anspruch auf Herausgabe des Diamantrings aus § 812 I 1 Var.1 haben. Dazu müsste S etwas durch Leistung ohne rechtlichen Grund erlangt haben. S hat Eigentum und Besitz am Ring erlangt. Dies müsste er durch Leistung des Kondiktionsgläubigers, also der D erlangt haben. Leistung ist die bewusste und zweckgerichtete Mehrung fremden Vermögens. Indem D gar nicht wusste, dass ihr Ring versteigert wird, hat sie jedenfalls nicht bewusst das Vermögen des S gemehrt. Folglich liegt keine Leistung vor.

Ergebnis: Daher hat D gegen S keinen Anspruch auf Herausgabe des Diamantrings aus § 812 I 1 Var.1.

X. Anspruch der D gegen S auf Herausgabe des Rings aus § 812 I 1 Var.2

D könnte gegen S einen Anspruch auf Herausgabe des Diamantrings aus § 812 I 1 Var. 2 haben. Dazu müsste S etwas rechtsgrundlos erlangt haben, und zwar nicht durch Leistung und auf Kosten der D.

1. Die Erlangung von Besitz und Eigentum am Ring vollzog sich nicht durch Leistung der D. Wegen des Vorrangs der Leistungskondiktion kommt ein Anspruch aus § 812 I 1 Var.2 allerdings nur in Betracht, wenn das Erlangte von niemandem geleistet worden ist. In Betracht kommt hier eine Leistung des Gerichtsvollziehers. Dieser könnte das Vermögen des S bewusst und zweckgerichtet gemehrt haben.

Der Gerichtsvollzieher **verschafft das Eigentum durch Hoheitsakt**. Er leistet nichts [natürlich nur im streng juristischen Sinne]. Daher ist der Weg zur Nichtleistungskondiktion frei.

2. Der **Vermögenszuwachs** bei S müsste auf Kosten der D erfolgt sein. In der Tat hat D das Eigentum in dem Moment verloren, als S Eigentümer wurde. Durch diese unmittelbare Vermögensverschiebung erfolgte die Bereicherung des S auf Kosten der D.

3. Die Bereicherung müsste **rechtsgrundlos** sein. Als Rechtsgrund kommt allerdings der Zuschlag in Betracht. Der hoheitliche Akt des Gerichtvollziehers, der auf einer rechtmäßigen Versteigerung beruht, ist der Rechtsgrund des Behaltendürfens der ersteigerten Sache. Wegen dieses Rechtsgrunds kann D gegen S keinen Anspruch aus § 812 I 1 Var. 2 auf Herausgabe des Rings geltend machen.

Ergebnis: Gegenüber S hat D keine Herausgabeansprüche.

B. Ansprüche der D gegen G

I. Anspruch der D gegen G auf Zahlung von 8000 Euro aus §§ 989, 990 I

D könnte einen Anspruch gegen G auf Zahlung von 8000 Euro aus §§ 989, 990 I haben. Dazu müsste diese Vorschrift vorliegend überhaupt anwendbar sein. Während der Zwangsvollstreckung können die materiell-rechtlichen Ansprüche nicht geltend gemacht werden. Die Zwangsvollstreckung ist zwar abgeschlossen. Die etwaige schadensersatzbegründende Handlung fällt jedoch in den **Zeitraum**, in dem sich die Sache in der Obhut des Gerichtsvollziehers befand, also **verstrickt** war. Die während einer Zwangsvollstreckung verursachte Unmöglichkeit der Herausgabe kann daher nicht mit Ansprüchen aus dem Eigentümer-Besitzer-Verhältnis kompensiert werden. Insoweit sind die materiell-rechtlichen Ansprüche gesperrt. D hätte Drittwiderspruchsklage erheben müssen. Dafür ist es nun zu spät.

Ergebnis: D hat folglich keinen Anspruch gegen G auf Zahlung von 8000 Euro aus §§ 989, 990 I.

II. Anspruch der D gegen G auf Zahlung von 8000 Euro aus § 280 I

D könnte einen Anspruch gegen G auf Zahlung von 8000 Euro aus § 280 I haben. Dazu muss zunächst ein Schuldverhältnis zwischen D und G bestehen. Vertragliche Verhältnisse bestehen zwischen D und G nicht. Zu denken ist allerdings an das gesetzliche Schuldverhältnis der Zwangsvollstreckung.

G müsste gemäß § 280 I 1 **eine Pflicht verletzt** haben. In Betracht kommt eine Prüfungspflicht. Der Vollstreckungsgläubiger ist verpflichtet, gewissenhaft zu überprüfen, ob von Dritten an der Sache geltend gemachte Rechte tatsächlich bestehen. G wusste nicht, dass es sich bei dem Ring um keine im Eigentum des P befindliche Sache handelte. Folglich hat G auch keine Pflichten verletzt.

Ergebnis: D hat keinen Anspruch gegen G auf Zahlung von 8000 Euro aus § 280 I.

III. Anspruch der D gegen G auf Zahlung von 8000 Euro aus § 823 I

D könnte einen Anspruch gegen G auf Zahlung von 8000 Euro aus § 823 I haben.

1. Dazu müsste G das Eigentumsrecht der D verletzt haben. Indem G den Ring hat versteigern lassen, greift er in das Eigentumsrecht der D ein. Dieser Eingriff müsste rechtswidrig sein.

Dies hängt davon ab, ob die Verwertung schuldnerfremder Sachen rechtmäßig ist.

a) Nach der **öffentlich-rechtlichen Theorie** entsteht zwar auch an der schuldnerfremden Sache ein Pfändungspfandrecht. Dieses gibt allerdings nur die prozessuale Befugnis zur Verwertung, nicht dagegen die materiell-rechtliche Befugnis. Die Verwertung schuldnerfremder Sachen ist danach rechtswidrig.

b) Nach der **gemischten Theorie** entsteht an schuldnerfremden Sachen schon kein Pfandrecht.

c) Im Ergebnis kommen beide Theorien zum Ergebnis, dass die Verwertung nicht rechtmäßig ist. Der Vollstreckungsgläubiger, der eine fremde Sache versteigern lässt, vollstreckt zu Unrecht in diese Sache. Er handelt mithin rechtswidrig.

2. G müsste die Eigentumsverletzung verschuldet haben. Gemäß § 276 I 1 umfasst Verschulden Vorsatz und Fahrlässigkeit. G weiß nicht, dass es sich bei dem Ring um eine schuldnerfremde Sache handelt. Er hatte auch keine Anhaltspunkte.
Ihn trifft also kein Verschulden.

Ergebnis: D hat keinen Anspruch gegen G auf Zahlung von 8000 Euro aus § 823 I.

IV. Anspruch der D gegen G auf Zahlung von 8000 Euro aus §§ 687 II i.V.m. 681 S.1, 667 bzw. 678

D könnte gegen G einen Anspruch auf Zahlung von 8000 Euro aus § 687 II i.V.m. 681 S.1, 667 bzw. 678 haben. Dazu müsste G ein fremdes Geschäft als sein eigenes behandelt haben trotz Kenntnis, zur Geschäftsführung nicht berechtigt zu sein. Indem G den Ring versteigern lässt, wurde er tätig und führte ein Geschäft. Dieses Geschäft, das in den Rechtskreis der Eigentümerin fiel, war für G auch fremd.

G müsste allerdings von seiner Eigengeschäftsführung Kenntnis gehabt haben. Ansonsten finden die §§ 677 ff. keine Anwendung. G wusste nichts von der Schuldnerfremdheit der Sache.

Ergebnis: Folglich hat D gegen G keinen Anspruch auf Zahlung von 8000 Euro aus §§ 687 II i.V.m. 681 S.1, 667 bzw. 678.

V. Anspruch der D gegen G auf Zahlung von 8000 Euro aus § 816 I 1

D könnte gegen G einen Anspruch auf Zahlung von 8000 Euro aus § 816 I 1 haben. Dazu müsste G als Nichtberechtigter eine Verfügung getroffen haben, die dem Berechtigten gegenüber wirksam war.

Eine Verfügung ist jedes Rechtsgeschäft, durch das ein Recht geändert, aufgehoben, belastet oder übertragen wird. Die Versteigerung durch den Gerichtsvollzieher stellt kein Rechtsgeschäft dar. Indem der Gerichtsvollzieher kraft hoheitlicher Befugnis den Erlös aus der Versteigerung ausgekehrt hat, war G nicht Nichtberechtigter im Sinne des § 816 I 1.

Ergebnis: Folglich hat D gegen G keinen Anspruch auf Zahlung von 8000 Euro aus § 816 I 1.

VI. Anspruch der D gegen G auf Zahlung von 8000 Euro aus § 816 II

D könnte gegen G einen Anspruch auf Zahlung von 8000 Euro aus § 816 II haben. Dazu müsste der Gerichtsvollzieher den Erlös an G als Nichtberechtigten ausgekehrt haben. Schließlich setzte sich das Eigentum am Ring gemäß § 1247 S.2 am Erlös fort. Durch die Auskehr des Erlöses verfügte der Gerichtsvollzieher nicht über das Eigentum der D, sondern übertrug es durch Hoheitsakt. Fraglich ist jedoch, ob der Erlös an einen Nichtberechtigten ausgekehrt wurde. G war Vollstreckungsgläubiger. Durch die Auszahlung des Erlöses wird der Gläubiger Eigentümer des Geldes. Er ist als Vollstreckungsgläubiger auch Berechtigter.

Ergebnis: D hat keinen Anspruch aus § 816 II gegen G auf Zahlung von 8000 Euro.

VII. Anspruch der D gegen G auf Zahlung von 8000 Euro aus § 812 I 1 Var.2 (Eingriffskondiktion)

D könnte einen Anspruch gegen G auf Zahlung von 8000 Euro aus § 812 I 1 Var.2 haben.

1. Fraglich ist zunächst, ob diese Vorschrift gegenüber dem Vollstreckungsgläubiger überhaupt anwendbar ist. Zweifel bestehen aufgrund der Tatsache, dass dem Ersteigerer das Eigentumsrecht an der versteigerten Sache **durch Hoheitsakt kondiktionsfest übertragen worden ist** (s.o.). Für einen Anspruch gegen den Vollstreckungsgläubiger könnte daher möglicherweise kein Raum mehr sein. Dagegen spricht indes, dass das Zwangsvollstreckungsverfahren keine endgültige Zuweisung von Vermögenswerten vornimmt. Für einen Anspruch aus § 812 I 1 Var.2 ist folglich Raum.

2. G müsste etwas auf Kosten der D ohne Rechtsgrund erlangt haben. G hat Eigentum und Besitz am Erlös in Höhe von 8000 Euro erworben.

3. Dies dürfte nicht durch Leistung geschehen sein. Leistung ist jede bewusste und zweckgerichtete Mehrung fremden Vermögens. Von D wurde nichts geleistet. Allenfalls der **Gerichtsvollzieher** kommt als **Leistender** in Betracht. Er überträgt das Eigentum am Geld durch Hoheitsakt, nicht durch Leistung. In das Vermögen der D könnte jedoch eingegriffen worden sein. Nach der Versteigerung war D wegen § 1247 S.2 Eigentümerin des Erlöses. Indem der Erlös G zugewiesen wird, liegt ein Eingriff in das Vermögen der D vor. G erlangt Eigentum am Geld auch auf Kosten der D.

4. G müsste ferner das Eigentum am Geld ohne Rechtsgrund erlangt haben. Die Pfandsache gehörte nicht dem Schuldner P, sondern einer Dritten, nämlich D. G hatte als Vollstreckungsgläubiger daher **kein Recht auf den Erlös**. Seine Forderung gegen P ist durch die Versteigerung und die Auskehr des Erlöses nicht erloschen. Er hat also die Zahlung ohne rechtlichen Grund erlangt.

Ergebnis: D hat einen Anspruch gegen G auf Zahlung von 8000 Euro aus § 812 I 1 Var.2.

Sachverhalt

Der Arbeitslose A plant den Schritt in die Selbständigkeit und erhofft sich damit Reichtum, Ruhm und Ehre. Er will Musikproduzent werden. Um ein professionelles Studio einzurichten und Videoaufnahmen drehen zu können, mietet er von V ein historisches Schloss an.

Um seine Anschaffungen zu finanzieren, hatte er zuvor mit der B-Bank einen Darlehensvertrag vereinbart, in dessen Rahmen A „alle Gegenstände, die sich auf dem Grundstück befinden oder dahin verbracht werden", an B übereignete.

A produziert sein erstes sozialkritisches Musikvideo mit dem Refrain „Nimm die Schaufel nicht so voll, wenn die Arbeit reichen soll" und hat damit großen Erfolg. Um die weiteren Produktionen unter das Volk zu bringen, kauft A zusätzlich zu seinem Vorrat von 100000 CD-Rohlingen von L unter Eigentumsvorbehalt eine Million CD-Rohlinge, die er in seinem Studio lagert. Der Aufschwung in Deutschland kommt, und A findet mit seiner Musik immer weniger Zuspruch. Als A die Miete für das Schloss nicht mehr zahlt (Mietrückstand: 50000 Euro), nimmt der Vermieter V die von L gelieferten Rohlinge in Besitz. Den übrigen Vorrat (100000 Rohlinge) lässt V unberührt. Mit seinem letzten Geld zahlt A den restlichen Kaufpreis für die CD-Rohlinge an L. Als sich A dem Abgrund der Insolvenz nähert, lässt V die Rohlinge versteigern. Die Bank erfährt davon und trägt vor, A habe bei ihr Schulden in Höhe von 100000 Euro. Sie verlangt von V den erzielten Erlös (30000 Euro). Zu Recht?

Lösung

Anspruch der B gegen V auf Herausgabe des Erlöses aus § 985

Die Bank könnte gegen V einen Anspruch auf Herausgabe des Erlöses aus § 985 haben.

Dazu müsste eine Vindikationslage vorliegen.

1. Die Bank müsste Eigentümerin der Geldscheine sein.

a) Eigentümer des Erlöses einer versteigerten Sache ist, wem der Erlös nach § 1247 gebührt. Dies könnte V als Inhaber eines **Vermieterpfandrechts** sein. Fraglich ist allerdings, ob die Regelung des § 1247 auf ein Vermieterpfandrecht (§ 562) anwendbar ist.

Über § 1257 gelten die Vorschriften der §§ 1205 ff., die das vertragliche Pfandrecht regeln, auch für gesetzliche Pfandrechte. Auf das Vermieterpfandrecht als ein gesetzliches Pfandrecht findet folglich die Regelung des § 1247 Anwendung.

Grundsätzlich gebührt dem Pfandgläubiger gemäß § 1247 S.1 der Erlös aus der Versteigerung des Pfandes. Soweit dies nicht der Fall ist, tritt gemäß § 1247 S.2 der Erlös an die Stelle des Eigentums an der Sache.

b) Zu ermitteln ist folglich, wer **im Zeitpunkt der Versteigerung** Eigentümer der Rohlinge und wer Pfandgläubiger war.

Ursprünglich war L Eigentümer der Rohlinge.

aa) L könnte sein Eigentum durch Übereignung „aller Gegenstände auf dem Grundstück" des A an B gemäß §§ 929 S.1, 930 verloren haben.

aaa) A hat sich mit der Bank über den **Eigentumsübergang** geeinigt.

Fraglich ist, ob diese Einigung bestimmt genug war. Problematisch ist, dass diese Einigung schon erfolgte, bevor A die Rohlinge erwarb und in sein Tonstudio brachte. Im Rahmen einer solchen antizipierten Einigung reicht es allerdings, wenn die Gegenstände, auf die sich die Vereinbarung bezieht, im Zeitpunkt des Verbringens in das Tonstudio individualisierbar und bestimmbar sind. Die Einigung zwischen A und B genügt folglich dem sachenrechtlichen Bestimmtheitsgrundsatz.

bbb) Es muss ferner eine Übergabe oder ein **Übergabesurrogat** vorliegen.

Eine Übergabe liegt nicht vor. Als Übergabesurrogat wurde gemäß § 930 ein Besitzmittlungsverhältnis im Sinne des § 868 vereinbart, wodurch A für die Bank besitzt und einem Herausgabeanspruch der Bank ausgesetzt ist.

ccc) A müsste ferner als Berechtigter über die CDs verfügt haben. Im Zeitpunkt der Einigung sowie der Vereinbarung des Besitzmittlungsverhältnisses war A nicht Eigentümer. Eigentümer war immer noch L. Die Verfügung könnte allerdings gemäß § 185 II 1 Var.2 im Wege der so genannten **Konvaleszenz** wirksam geworden sein. Dazu müsste A Eigentum an den Rohlingen erworben haben. A hatte die CDs von L unter Eigentumsvorbehalt erworben. Die dingliche Einigung stand also gemäß §§ 929 S.1, 158 I unter der aufschiebenden Bedingung der Zahlung des Kaufpreises. A hat den Kaufpreis schließlich entrichtet. Damit ist die Bedingung eingetreten, und A ist Eigentümer der Rohlinge geworden.

Somit wäre A im Verhältnis zu B als Berechtigter aufgetreten und hätte das Eigentum gemäß §§ 929 S.1, 930 an B übertragen können.

Diese Konstruktion begegnet indes erheblichen Bedenken. B hätte das Eigentum von A nämlich erst erhalten, nachdem dieser den vollen Kaufpreis an L gezahlt hatte. Der Bank kam es indes darauf an, dass die Übereignung schon in dem Moment wirksam wird, in dem die Rohlinge in das Tonstudio gebracht wurden. Darüber hinaus läge ein **Durchgangserwerb** vor, das heißt, das Eigentum ginge für eine juristische Sekunde von L auf A über, um dann zu B zu gelangen. In dem Moment, in dem A Eigentum erwirbt, ist dieses Eigentum dem Zugriff seiner Gläubiger ausgesetzt. Das wollte B mit der getroffenen Vereinbarung allerdings verhindern, da es dem Sicherungszweck zuwiderläuft.

Folglich ist die Vereinbarung zwischen A und B, dass A „alle Gegenstände übereignet, die sich auf dem Grundstück befinden oder dahin verbracht werden" gemäß §§ 133, 157 **so auszulegen, dass das Eigentum nicht erst bei Zahlung des Kaufpreises an L, sondern schon zuvor übertragen werden sollte.**

Im Zeitpunkt, in dem die CDs ins Tonstudio gebracht wurden, war A jedenfalls nicht Berechtigter.

ddd) B könnte allerdings das Eigentum an den Rohlingen vom Nichtberechtigten gutgläubig erworben haben. Der gutgläubige Eigentumserwerb bei der Vereinbarung eines **Besitzkonstituts** (§ 930) richtet sich nicht nach § 932 I, sondern nach der Spezialvorschrift des § 933. Danach wird der Erwerber Eigentümer, wenn ihm die Sache übergeben wird. Folglich würde B Eigentümerin der Rohlinge, wenn sie dieses von A tatsächlich erhält. Eine tatsächliche Übergabe an B fand nicht statt. Damit sind die Voraussetzungen des § 933 nicht erfüllt. Ein gutgläubiger Eigentumserwerb der B scheidet mithin aus.

A konnte also nicht wirksam über das Eigentum an den CDs verfügen.

bb) In Betracht kommt allerdings eine **Verfügung über das Anwartschaftsrecht**. Das Anwartschaftsrecht ist im Verhältnis zum Eigentum ein wesensgleiches Minus. Ein Anwartschaftsrecht entsteht, wenn von einem mehraktigen Erwerbstatbestand bereits so viele Merkmale erfüllt sind, dass der Erwerb nicht mehr einseitig vom Veräußerer verhindert werden kann.

Vorliegend hat A die Rohlinge von L unter Eigentumsvorbehalt erworben. Dies bedeutet, dass A und L bereits gemäß § 929 S.1 die Sache übergeben und sich über den Eigentumsübergang geeinigt haben, diese Einigung indes noch unter der aufschiebenden Bedingung der Zahlung stand. Von dem mehraktigen Erwerbstatbestand der Übereignung nach § 929 S.1 sind nun schon so viele Bestandteile erfüllt, dass der Veräußerer L das Geschäft nicht mehr einseitig zunichte machen kann. A hat folglich ein Anwartschaftsrecht erworben, das mit der Zahlung des Kaufpreises zum Vollrecht erstarkt.

Dieses Anwartschaftsrecht kann als wesensgleiches Minus zum Eigentum wie das Vollrecht gemäß §§ 929 ff. analog übertragen werden.

Hätte A das Anwartschaftsrecht zunächst an B übertragen und dann den Kaufpreis gezahlt, so wäre B direkt Eigentümer geworden, ohne dass für eine juristische Sekunde A Eigentümer geworden ist. Diese Konstruktion hat im Gegensatz zum Durchgangserwerb den Vorteil, **dass Gläubiger des A zu keiner Zeit, also auch nicht in einer juristischen Sekunde, auf die Rohlinge zugreifen können**, da A zu keiner Zeit Eigentümer der Rohlinge geworden ist. Diese Konstruktion kommt also dem Willen von A und B näher als ein Durchgangserwerb.

Die Vereinbarung zwischen A und B ist daher so auszulegen, dass A Anwartschaftsrechte an Gegenständen, die in das Tonstudio verbracht werden, an B überträgt.

In Betracht kommt eine Übertragung nach §§ 929 S.1, 930 analog.

aaa) Es müsste eine dingliche Einigung vorliegen. Ausdrücklich ist in der Vereinbarung nur die Rede von der Übertragung des Vollrechts.

Die Vereinbarung ist indessen **so auszulegen**, dass **auch Anwartschaftsrechte als wesensgleiches Minus übertragen werden sollen**. A und B haben sich folglich antizipiert, also im Vorhinein, über den Übergang des Anwartschaftsrechts an den Rohlingen geeinigt.

Ferner muss eine Übergabe stattgefunden haben oder ein Übergabesurrogat vorliegen.

bbb) Als **Übergabesurrogat** könnte gemäß § 930 ein Besitzmittlungsverhältnis im Sinne des § 868 vereinbart worden sein.

Dies setzt voraus, dass A für B besitzt. Vor dem Hintergrund, dass A die CDs unter Eigentumsvorbehalt erworben hat, erscheint dies problematisch. Grundsätzlich besitzt der Eigentumsvorbehaltskäufer nämlich für den Eigentumsvorbehalts- verkäufer. A würde demnach für L, nicht für B besitzen.

Man könnte argumentieren, dass A sowohl für L und für B besitze und diese damit mittelbare Nebenbesitzer würden. Selbst wenn man die Lehre vom Nebenbesitz ablehnt [*zum Nebenbesitz ausführlich Fall 5*] und mit der Figur des mehrstufigen mittelbaren Besitzes von L und B operiert, besteht ein Besitzmittlungsverhältnis zwischen A und B. A besitzt für die Bank und ist einem Herausgabeanspruch der Bank ausgesetzt.

ccc) A war ferner Berechtigter, als er über das Anwartschaftsrecht verfügte. Folglich ist das **Anwartschaftsrecht auf die Bank übergegangen**.

Zum Zeitpunkt des Einbringens der CDs in das Tonstudio hatte die Bank also zwar nicht das Eigentum an den Rohlingen inne, aber immerhin das Anwartschaftsrecht.

Insofern gebührt ihr gemäß § 1247 S.2 der Erlös, soweit nicht ein Pfandgläubiger ein Pfandrecht geltend machen kann.

cc) Dies wäre der Fall, wenn der Vermieter ein Recht an der Sache erworben hätte. Es könnte gemäß § 562 ein **Vermieterpfandrecht** an der Sache bestehen.

aaa) Dies setzt zunächst das Bestehen eines Mietverhältnisses voraus. A und V haben einen Mietvertrag über das historische Schloss geschlossen. Aus diesem Mietverhältnis waren auch noch Forderungen offen. Gemäß § 562 I 1 kann ein Pfandrecht nur an eingebrachten Sachen des Mieters entstehen. A müsste also Eigentümer der Rohlinge gewesen sein. Zum Zeitpunkt, indem die Rohlinge auf das gemietete Grundstück gebracht wurden, war nicht A, sondern L Eigentümer.

Ein Vermieterpfandrecht konnte also nicht an den Rohlingen entstehen.

bbb) B könnte möglicherweise **gutgläubig ein Vermieterpfandrecht erworben** haben. Grundsätzlich können Pfandrechte gutgläubig erworben werden. Dies zeigen die Vorschriften der §§ 1257, 1207, 932. Nach § 1257 finden die Vorschriften für vertragliche Pfandrechte auf Pfandrechte Anwendung, die kraft Gesetz „entstanden" sind. Mit einem gutgläubigen Erwerb des Vermieterpfandrechts im vorliegenden Fall würde allerdings erst ein Pfandrecht entstehen. Im Zeitpunkt eines etwaigen Gutglaubenserwerbs ist es keinesfalls schon „entstanden". Daher kommt der gutgläubige Erwerb eines Vermieterpfandrechts nicht in Betracht.

ccc) Möglich ist indes ein Pfandrecht am Anwartschaftsrecht des A. Das Anwartschaftsrecht ist als wesensgleiches Minus zum Eigentum auch belastungsfähig.

Gemäß § 562 I 1 könnte ein **Vermieterpfandrecht am Anwartschaftsrecht entstanden sein.**

(1) Eine Forderung aus einem wirksamen Mietverhältnis besteht. Das Anwartschaftsrecht des A besteht ferner an einer Sache, die A auf das gemietete Grundstück gebracht hat.

(2) Gemäß § 562 I 2 kann ein Vermieterpfandrecht nicht an unpfändbaren Sachen entstehen. § 562 I 2 gilt zwar ausdrücklich nur für Volleigentum. Indem das Anwartschaftsrecht allerdings zum Vollrecht erstarken kann, muss der Schuldner vor einer unzulässigen Pfändung des Anwartschaftsrechts genauso geschützt sein wie vor einer unzulässigen Pfändung des Eigentums.

Die Rohlinge könnten unpfändbar sein.

Die Grenzen der Pfändbarkeit sind in den §§ 811 ff. ZPO niedergelegt. Es handelt sich dabei um Konkretisierungen des Sozialstaatsprinzips, das eine „Kahlpfändung" verhindern will.

Nach § 811 Nr.5 ZPO unterliegen die zur Fortsetzung der Erwerbstätigkeit erforderlichen Gegenstände nicht der Pfändung. Dazu zählen nicht nur Maschinen, sondern auch die zu verarbeitenden Rohstoffe. A stellt Musik-CDs her und ist daher auf Rohlinge angewiesen, um sein Gewerbe fortzuführen.

Grundsätzlich unterliegen die CD-Rohlinge als Rohstoff der **Unpfändbarkeit**. Etwas anderes könnte sich daraus ergeben, dass A immer noch 100000 Rohlinge verbleiben. Dieser Vorrat reicht ohne weiteres aus, um seine Geschäfte zu tätigen. Schließlich hat der Umfang seiner Tätigkeit stark abgenommen und 100000 Rohlinge sind immer noch eine genügende Anzahl, um CDs herzustellen.

Die von L gelieferten CD-Rohlinge sind also dem Pfändungsverbot des § 811 Nr.5 ZPO nicht unterworfen.

(3) Möglicherweise könnten die CD-Rohlinge der Pfändung nicht unterliegen, da sie im Eigentum des L stehen. Allerdings ist das Eigentum nicht Voraussetzung einer Pfändung. **Auch schuldnerfremde Sachen könnten gepfändet werden.** Der Eigentümer hat dann allein die Möglichkeit, Drittwiderspruchsklage gemäß § 771 ZPO zu erheben mit dem Einwand, ihm stehe ein die Veräußerung hinderndes Recht, nämlich das Eigentum, zu.

Daher wird durch § 562 I 2 die Entstehung eines Vermieterpfandrechts am Anwartschaftsrecht nicht verhindert.

Indem A vor der Versteigerung den Kaufpreis an L zahlte, verwandelte sich das Pfandrecht des V am Anwartschaftsrecht zu einem Pfandrecht am Volleigentum. Problematisch ist also, dass V ein Vermieterpfandrecht am Anwartschaftsrecht erhalten hat und im selben Moment, nämlich mit Verbringen der Rohlinge auf das Grundstück des V, B das Anwartschaftsrecht erworben hat.

dd) Nach § 1247 S.2 gebührt der Bank der Erlös aus der Versteigerung nur, **wenn kein Pfandrecht besteht.** Es muss also ermittelt werden, ob das Vermieterpfandrecht Vorrang genießt.

aaa) Grundsätzlich sind derartige Konflikte nach dem **Prinzip des zeitlichen Vorrangs** zu lösen. Vorliegend kann indes niemand Priorität reklamieren, da die Entstehung des Pfandrechts und die Übertragung des Anwartschaftsrechts im selben Moment erfolgen. Ob in einem solchen Fall die Übertragung des Anwartschaftsrechts oder das Vermieterpfandrecht Vorrang genießt, ist umstritten.

bbb) Die Sicherungsübereignung könnte Vorrang vor dem Pfandrecht haben. Dann ginge V leer aus, und B könnte den Erlös für sich behalten. Für diesen Ansatz spricht, dass A die Vereinbarung mit B lange vor dem Zeitpunkt des Entstehens des Vermieterpfandrechts geschlossen hat. Eine solche Argumentation verkennt indes, dass der Erwerb des Anwartschaftsrechts nicht bereits mit der Vereinbarung erfolgt. Zum Zeitpunkt der Vereinbarung war noch überhaupt nicht abzusehen, welche Gegenstände in Zukunft auf das Grundstück verbracht werden. Das **Problem der Gleichzeitigkeit** der Entstehung des Vermieterpfandrechts und der Übertragung des Anwartschaftsrechts lässt sich auf diese Weise nicht umgehen.

Im Übrigen führt die Argumentation auch zu absurden Ergebnissen: Hätte A die Rohlinge nicht unter Eigentumsvorbehalt gekauft, sondern als Eigentümer auf das Grundstück verbracht, hätte die Bank mit dem Vermieterpfandrecht belastetes Eigentum erhalten. Hat A nun nicht das Volleigentum übertragen, sondern das Anwartschaftsrecht als wesensgleiches Minus, so stünde die Bank im Ergebnis besser da, als wenn das Volleigentum übertragen worden wäre. Dieses Ergebnis ist nicht sachgerecht.

ccc) Schließlich könnte man dem **Vermieterpfandrecht den Vorrang** einräumen. Dafür spricht, dass es ansonsten möglich wäre, mit der Konstruktion der Übertragung des Anwartschaftsrechts das Vermieterpfandrecht zu umgehen. Das Vermieterpfandrecht ist gesetzlich verankert. Der Gesetzgeber hat dadurch zum Ausdruck gebracht, dass dem Vermieter ein Sicherungsmittel an eingebrachten Sachen zustehen soll. Die gesetzliche Wertung darf nicht umgangen werden. Nicht vergessen werden darf allerdings, dass auch das Gesetz in § 562 I 1 das Vermieterpfandrecht auf Sachen des Mieters einschränkt. Hätte A die Rohlinge also an die Bank sicherungsübereignet, bevor er sie auf das Grundstück brachte, wäre V ganz leer ausgegangen.

ddd) Daher könnte man argumentieren, dass aufgrund der Gleichzeitigkeit der beiden Vorgänge weder dem einen noch dem anderen der Vorrang eingeräumt werden dürfe. Der Erlös sei vielmehr **auf beide Sicherungsnehmer zu verteilen**. Die Höhe des Anteils werde durch ihre Forderungen gegen den Schuldner bestimmt. Das Gesamtvolumen der Schulden des A bei V und B beträgt 150000 Euro. Der Anteil der Bank beträgt 100000 Euro, also zwei Drittel davon. Der Erlös aus der Versteigerung stünde also B zu zwei Dritteln (20000 Euro) und V zu einem Drittel (10000 Euro) zu. Dieses Ergebnis ist sachgerecht.

Das Eigentum am Erlös erhalten V gemäß § 1247 S.1 in Höhe von 10000 Euro und B gemäß § 1247 S.2 in Höhe von 20000 Euro.

2. V ist Besitzerin der Geldscheine.

3. Bezüglich 20000 Euro hat sie kein Recht zum Besitz aus § 986.

Ergebnis: B kann von V die Herausgabe von 20000 Euro aus § 985 verlangen.

Weitere Fälle zum Mobiliarsachenrecht unter:

www.rauda-zenthoefer.de

Fälle zum Schuldrecht, insbesondere zum Kaufrecht, unter:

www.rauda-zenthoefer.de

2. Kapitel:
Fälle zum Recht der unbeweglichen Sachen (Immobiliarsachenrecht)

I. Rechtsgeschäftlicher Erwerb von Grundstücken

Rechtsgeschäftlicher Grundstückserwerb vom Berechtigten

1. Einigung gemäß § 873 I Var.1 in der Form des § 925 I 1 (Auflassung).
2. Eintragung, § 873 I.
3. Einigsein bei Eintragung, § 873 II.
4. Berechtigung des Veräußerers (Verfügungsbefugnis).

Rechtsgeschäftlicher Grundstückserwerb vom Nichtberechtigten

1.-3. wie oben.
4. Keine Berechtigung des Veräußerers (keine Verfügungsbefugnis).
5. Rechtsgeschäft im Sinne eines Verkehrsgeschäfts (keine Personenidentität zwischen Veräußerer und Erwerber).
6. Verfügender ist als Eigentümer im Grundbuch eingetragen (§ 892 I 1).
7. Gutgläubigkeit des Erwerbers (§§ 892 I 1, 891 I):
   - keine Kenntnis von der Nichtberechtigung des Veräußerers,
   - kein Widerspruch eingetragen.

Fall 18

Sachverhalt

Donald (D) wohnt im Haus seines Onkels Dagobert (O). Nachdem die Neffen Tick, Trick und Track bei einem Praktikum im Grundbuchamt von Entenhausen die Akten manipulierten, um ihren Onkel D zum Eigentümer zu machen, ist D erfreut. Er verkauft und übereignet das Haus an Klaas Klever (K). Noch bevor K ins Grundbuch eingetragen wird, erfährt er von der wahren Eigentumsklage. D ist längst ausgezogen. Da das Haus längere Zeit leer steht, haben es sich die Panzerknacker (P) darin gemütlich gemacht. K verlangt von den P, dass sie ihm „sein Grundstück" zurückgeben. Mit Recht?

Zusatzfrage: Wo ist die Wohnungsbesetzung im BGB erwähnt?

Lösung

Anspruch des K gegen P auf Herausgabe des Grundstücks aus § 985

K könnte gegen P einen Anspruch auf Herausgabe aus § 985 haben.

1. Dazu müsste K Eigentümer des Grundstücks sein.

a) Ursprünglich war O Eigentümer.

b) K könnte das Eigentum am Grundstück nach §§ 873 I 1, 925 I 1 von D erworben haben. Erforderlich sind dazu Einigung, Eintragung ins Grundbuch, Einigsein im Zeitpunkt der Eintragung und die Berechtigung des Verfügenden.

D und K haben sich über den Übergang des Eigentums an dem Grundstück nach §§§ 873 I 1, 925 I 1 geeinigt. Die Eintragung ins Grundbuch liegt vor. Im Zeitpunkt der Eintragung waren sich beide einig (§ 873 II). **Problematisch ist aber die Berechtigung des D. D** war **nicht Eigentümer** des Grundstücks. Er war zudem nicht von O zu dem Geschäft gemäß § 185 ermächtigt. Es mangelt folglich an der Berechtigung des D.

K hat das Grundstück nicht nach §§ 873 I 1, 925 I 1 von D erworben.

c) Jedoch könnte K das Grundstück vom Nichtberechtigten D nach §§ 873 I 1, 925 I 1, 892 I 1 erworben haben. Dazu müssten zusätzlich die Voraussetzungen des § 892 I 1 vorliegen.

aa) Zwischen D und K wurde ein Rechtsgeschäft abgeschlossen, nach dessen Inhalt K das Grundstück erwerben sollte.

bb) Es müsste zudem ein Verkehrsgeschäft vorliegen. Dies bedeutet, dass keine Personenidentität zwischen Veräußerer und Erwerber gegeben sein darf. Dies ist der Fall. Damit liegt ein Verkehrsgeschäft vor.

cc) Das Grundbuch ist unrichtig, indem es D als Berechtigten ausweist.

dd) Schließlich muss bei K im Zeitpunkt des Rechtserwerbs gutgläubig gewesen sein. Erforderlich ist gemäß § 892 I 1, dass K nicht positiv wusste, dass das Grundbuch falsch ist. Zum Zeitpunkt der Antragstellung beim Grundbuchamt nach § 13 II GBO wusste K dies nicht. Allerdings erfuhr er vor Eintragung davon, dass O wahrer Eigentümer ist. § 892 II 1.Hs bestimmt, dass die Gutgläubigkeit nur bis zur Antragstellung vorliegen muss. Dies war hier gegeben. Folglich war K gutgläubig im Sinne des § 892 I 1. Daher ist K gemäß §§ 873 I 1, 925 I 1, 892 I 1 Eigentümer des Grundstücks geworden.

2. Die P sind Besitzer, haben aber kein Recht zum Besitz nach § 986.

Ergebnis: K hat gegen P einen Anspruch auf Herausgabe aus § 985.

<u>Zusatzfrage:</u> In § 964 S.1 (**lesen!** – beliebte Frage im mündlichen Examen).

II. Vormerkung

Entstehungsvoraussetzungen der Vormerkung

1. Durchsetzbarer Anspruch auf dingliche Rechtsänderung
   (meistens §§ 433 I 1 oder 516 I), der gesichert werden soll,
   §§ 883I 1, 886.
2. Bewilligung oder einstweilige Verfügung, § 885 I 1.
3. Eintragung, § 885 I 1.
4. Berechtigung des Bewilligenden.

Gutgläubiger Ersterwerb der Vormerkung vom im Grundbuch eingetragenen Nichteigentümer

1. Durchsetzbarer Anspruch auf dingliche Rechtsänderung (meistens
   §§ 433 I 1 oder 516 I), der gesichert werden soll, §§ 883 I 1, 886.
2. Bewilligung, § 885 I 1 (gutgläubiger Erwerb bei einstweiliger
   Verfügung unmöglich!).
3. Eintragung, § 885 I 1.
4. Nichtberechtigung des Bewilligenden (der im Grundbuch als
   Eigentümer Eingetragene ist in Wirklichkeit nicht der
   Eigentümer des Grundstücks und auch nicht zur Verfügung nach
   § 185 ermächtigt).
5. Guter Glaube an das Eigentum des Bewilligenden, nach h.M.
   § 893 I Var. 2.

Gutgläubiger Zweiterwerb der Vormerkung vom im Grundbuch zu Unrecht eingetragenen Buchbesitzer einer Vormerkung (str., ob möglich)

1. Durchsetzbarer Anspruch auf dingliche Rechtsänderung.
2. Wirksame Abtretung des Anspruchs, §§ 398 ff.
3. Vormerkung ist zwar eingetragen, aber nicht wirksam entstanden
   (daher kein Erwerb der Vormerkung gemäß §§ 398, 401).
4. Guter Glaube bezüglich des Bestehens der Vormerkung,
   §§ 892, 893 I Var. 2 analog.

Fall 19

Sachverhalt

Der Potsdamer Jurastudent J manipuliert bei einem Praktikum im Grundbuchamt die Akten und erreicht so, dass er zu Unrecht als Eigentümer eines großen Waldgrundstücks am Müggelsee eingetragen wird. Wirkliche Eigentümerin ist E. Schnell beschließt J, die Gunst der Stunde zu nutzen und das Grundstück zu Geld zu machen, um sich seinen Lebenstraum zu erfüllen: Die Finanzierung einer Gedächtnisschrift für den berühmten Adepten des öffentliches Rechts, Friedlob G. Nagelmann.

J findet schnell den neureichen Kommilitonen K, der ihm in Kenntnis des Schwindels mit notariellem Vertrag das Grundstück abkauft. K lässt sich darüber hinaus, da er J nicht traut, eine Auflassungsvormerkung eintragen. Als K die Sache „zu heiß wird", tritt er mit dem nichtsahnenden D in Verhandlungen und veräußert ihm vor einem Notar seinen Übereignungsanspruch gegen J. Bevor D mit allen Unterlagen zum Grundbuchamt geht und zu seiner Erleichterung auch als Eigentümer eingetragen wird, hatte E von der Sache erfahren und einen Widerspruch mittels einstweiliger Verfügung eintragen lassen.

E verlangt von D das Grundstück. Hat E gegen D einen Herausgabeanspruch?

Lösung

Anspruch der E gegen D auf Herausgabe des Grundstücks aus § 985

E könnte gegen D einen Anspruch auf Herausgabe des Waldgrundstücks aus § 985 BGB haben.

Dazu müsste eine Vindikationslage vorliegen (§§ 985, 986).

I. E müsste Eigentümerin des Grundstücks sein. Ursprünglich war sie Eigentümerin des Waldgrundstücks am Müggelsee.

1. Sie könnte ihr Eigentum an J verloren haben, indem dieser ins Grundbuch gelangte. Die Eintragung alleine reicht für eine Übertragung des Eigentums nach §§ 873 I 1, 925 I 1 nicht aus. Es fehlt die **dingliche Einigung (Auflassung)**. J ist also nicht Eigentümer geworden.

2. E hätte ihr Eigentum allerdings verloren, wenn J das Grundstück wirksam an K übertragen hätte. J und K haben sich gemäß § 873 I 1 dinglich über den Eigentumsübergang am Grundstück geeinigt. Die Einigung muss gemäß § 925 I 1 **bei gleichzeitiger Anwesenheit beider Teile** vor der zuständigen Stelle, etwa einem Notar, erklärt werden. Dies ist erfolgt. K wurde indes nicht als Eigentümer im Grundbuch eingetragen. Er ist damit nicht Eigentümer geworden.

3. Schließlich könnte D von K wirksam Eigentum erworben und E damit **von ihrer früheren Eigentumsposition ausgeschlossen** haben.

a) Das setzt eine wirksame Übereignung des Grundstücks von K an D gemäß §§ 873 I 1, 925 I 1 voraus.

D und K haben sich über den Eigentumsübergang geeinigt. Die Einigung geschah auch in der Form des § 925 I 1. D müsste gemäß § 873 I 1 im Grundbuch eingetragen worden sein. Zum Zeitpunkt der Eintragung des D ins Grundbuch war ein **Widerspruch** eingetragen. Dieser Widerspruch bewirkt allerdings **keine Grundbuchsperre**, so dass die Eintragung an sich nicht gehindert wird.

b) K müsste Berechtigter gewesen sein. K war weder Eigentümer des Grundstücks noch leitete er von der wahren Eigentümerin die Berechtigung zur Veräußerung ab.

c) Mangels Berechtigung des K kann D das Grundstück allenfalls gemäß § 892 I 1 gutgläubig erworben haben. Nach dieser Vorschrift gilt der **Inhalt des Grundbuchs** zugunsten des Erwerbers, es sei denn, er kennt die wahre Rechtslage, oder es ist ein Widerspruch eingetragen.

Im Grundbuch ist ein Widerspruch (§ 899) eingetragen, so dass D nicht davon ausgehen konnte, dass J, von dem K seine Rechte ableitete, Eigentümer war.

D konnte folglich das Eigentum am Grundstück nicht gutgläubig erwerben.

Die Eintragung des Widerspruchs hindert demnach grundsätzlich den Rechtserwerb durch D.

d) Aufgrund der Vormerkung könnte der Widerspruch indes gegenüber D unwirksam sein. Gemäß § 883 II 1 ist eine Verfügung, die nach Eintragung der Vormerkung über das Grundstück getroffen wird, **gegenüber dem Vormerkungsberechtigten, hier K, relativ unwirksam.** Eine Verfügung ist ein Rechtsgeschäft, durch das ein Recht geändert, aufgehoben, übertragen oder belastet wird. Bei einem Widerspruch handelt es nicht um ein solches Rechtsgeschäft. § 883 II 1 ist damit nicht anwendbar.

Denkbar ist allerdings eine **analoge Anwendung** der Vorschrift. Dazu müssten einerseits eine planwidrige Regelungslücke und andererseits eine vergleichbare Interessenlage vorliegen.

aa) Der Gesetzgeber hat den Fall der Beeinträchtigung des vorgemerkten Rechts durch andere Einwirkung als durch Verfügungen erkennbar übersehen. Daher liegt eine **planwidrige Regelungslücke** vor.

bb) Zweck der Vormerkung ist der **Schutz des Vormerkungsberechtigten** vor Einwirkungen, die verhindern, dass der gesicherte Anspruch erfolgreich erfüllt wird. Ob die Beeinträchtigung durch eine Verfügung erfolgt oder durch einen Widerspruch, ist gleichgültig. In beiden Fällen soll der Vormerkungsberechtigte geschützt werden. Die Eintragung eines Widerspruchs, der den Eigentumserwerb hindern würde, ist daher der Verfügung im Sinne des § 883 II 1 gleichzustellen.

cc) Der eingetragene Widerspruch wäre damit gemäß § 883 II 1 analog unbeachtlich, indem er den Anspruch des D auf dingliche Rechtsänderung vereiteln würde.

Dies setzt voraus, dass D Inhaber einer Vormerkung ist.

aaa) Es kommt nur ein **Zweiterwerb** von K in Betracht.

Eine Vormerkung wird durch Abtretung des gesicherten Anspruchs gemäß §§ 398, 401 analog übertragen. Mit der Übertragung des Anspruchs gehen auch alle akzessorischen Sicherungsmittel wie etwa die Vormerkung über (§ 401 analog). Eine Abtretungserklärung hat K abgegeben. Es bestand auch kein Abtretungsverbot bezüglich der gesicherten Forderung.

K müsste **als Berechtigter** gehandelt haben. K war Inhaber des gesicherten Anspruchs und damit Berechtigter. Gemäß § 401 analog kann eine Vormerkung nur übergehen, wenn sie auch tatsächlich besteht. Dies ist der Fall, wenn K selbst wirksam die Vormerkung von J bestellt worden ist.

Die wirksame Bestellung einer Vormerkung setzt zunächst gemäß § 883 I 1 das Bestehen eines durchsetzbaren Anspruchs auf dingliche Rechtsänderung voraus. K hat aufgrund seines Kaufvertrages mit J einen Anspruch gegen ihn auf Übereignung des Grundstücks aus § 433 I 1. Dies ist ein Anspruch auf dingliche Rechtsänderung, der mit einer Vormerkung gesichert werden kann.

Ferner ist die **Bewilligung** gemäß § 885 I 1 erforderlich. J hat K die Auflassungsvormerkung bewilligt.

Darüber hinaus ist die Vormerkung erst wirksam bestellt, wenn sie **eingetragen** ist, § 885 I 1. Die Eintragung der Vormerkung zugunsten des K ist erfolgt.

J müsste die Vormerkung **als Berechtigter** bestellt haben. J war indes nicht der Eigentümer des Seegrundstücks. Er hatte sich vielmehr nur durch eine Manipulation des Grundbuchs den Buchbesitz verschafft. Folglich ist J Nichtberechtigter.

K kann die Vormerkung daher allenfalls **gutgläubig erworben** haben. Dass ein gutgläubiger Ersterwerb einer Vormerkung möglich ist, ist allgemein anerkannt. Umstritten ist lediglich, nach welcher Vorschrift sich der gutgläubige Ersterwerb einer Vormerkung vollzieht. § 892 I 1 kann man nicht anwenden, da die Vormerkung die dingliche Sicherung eines schuldrechtlichen Anspruchs auf dingliche Rechtsänderung und kein beschränktes dingliches Recht am Grundstück ist. In der Einräumung der Vormerkung liegt allerdings eine Verfügung über das Eigentum. Dies spricht dafür, **§ 893 Var.2 als Vorschrift für den gutgläubigen Ersterwerb einer Vormerkung zugrunde zu legen.** Eine analoge Anwendung des § 893 Var.2 ist nicht nötig, da keine Regelungslücke besteht.

Damit K die Vormerkung gemäß § 893 Var.2 erwerben konnte, musste er gemäß § 892 I 1 gutgläubig gewesen sein. Dies bedeutet, dass ihm das fehlende Eigentum des J nicht bekannt gewesen sein dürfte. K wusste allerdings ganz genau, dass J nicht Eigentümer des Grundstücks war, sondern nur im Grundbuch eingetragen war. Ein gutgläubiger Ersterwerb der Vormerkung gemäß §§ 892, 893 Var.2 scheidet somit aus.

Folglich war K Nichtberechtigter hinsichtlich der Abtretung des durch die Vormerkung gesicherten Übereignungsanspruchs.

bbb) D könnte die Vormerkung von K allenfalls gutgläubig erworben haben.

Denkbar ist zunächst der gutgläubige Erwerb der Forderung, welcher die Vormerkung als Sicherungsmittel **gemäß § 401 analog nachfolgen** würde. Forderungen können indes mit Ausnahme der Vorschriften der §§ 405 sowie 2366 nicht gutgläubig erworben werden. In Betracht kommt daher nur der gutgläubige Erwerb der Vormerkung. Indem es sich dabei nicht um einen Erwerb durch Bestellung, sondern durch Übertragung handelt, stellt sich die Frage, ob im Rahmen eines solchen Zweiterwerbs eine Vormerkung **überhaupt gutgläubig erworben** werden kann.

Es bestehen diesbezüglich erhebliche Bedenken. Der Zweiterwerb einer Vormerkung geschieht nicht rechtsgeschäftlich, sondern kraft Gesetzes gemäß § 401 analog. Insofern liegt in Bezug auf die Vormerkung **schon gar keine Verfügung** vor. Verfügt wird nicht über die Vormerkung, sondern über den Anspruch auf Übereignung aus § 433 I 1, der durch die Vormerkung gesichert wird.

Dem ist entgegenzuhalten, dass eine hohe **Ähnlichkeit** zum gutgläubigen Erwerb von Grundstücksrechten besteht. Der Vormerkungsberechtigte ist im Grundbuch eingetragen. Ferner bestehen Parallelen zum Hypothekenrecht. Die Hypothek wird als Sicherungsmittel ebenso wie die Vormerkung mit der Abtretung des Anspruchs gemäß §§ 398, 401 übertragen (siehe § 1153 I).

Im weiteren Sinne wird durch die Verfügung **über den gesicherten Anspruch auch über die Vormerkung** verfügt.

Folglich ist ein gutgläubiger Zweiterwerb der Vormerkung möglich. Indem D nicht wusste, dass K nicht über die Vormerkung verfügen durfte, war er gemäß §§ 892 I 1, 893 Var.2 gutgläubig.

D ist demnach Inhaber der Vormerkung geworden.

Der eingetragene Widerspruch ist damit gemäß § 883 II 1 analog unbeachtlich, indem er den Anspruch des D auf dingliche Rechtsänderung vereiteln würde.

D konnte also von K wirksam das Grundstück gemäß §§ 873 I 1, 925 I 1, 892 I 1 erwerben.

II. E ist folglich nicht mehr Eigentümerin.

Ergebnis: E hat gegen D keinen Anspruch auf Herausgabe des Grundstücks aus § 985.

III. Hypothekenrecht

Bestellung einer Hypothek (Ersterwerb)

1. Bestehen einer zu sichernden Forderung.
2. Einigung gemäß § 873 I Var.2 mit dem Inhalt der §§ 1113, 1116.
3. Eintragung gemäß § 873 I mit dem Inhalt des § 1115.
4. Bei Briefhypothek: Übergabe des Briefes, § 1117.
   Bei Buchhypothek: Eintragung des Ausschlusses nach § 1116 II 1.
5. Einigsein bei Eintragung, § 873 II.
6. Berechtigung des Bestellers.
Fehlt die Berechtigung, ist gutgläubiger Erwerb möglich, wenn
   - Verfügender als Eigentümer im Grundbuch eingetragen ist (§ 892 I) und
   - der Erwerber weder Kenntnis von der Nichtberechtigung des
     Veräußerers hat noch ein Widerspruch eingetragen ist (§§ 892 I, 891).

Übertragung einer Hypothek (Zweiterwerb)

1. Abtretung der gesicherten Forderung gemäß §§ 398, 401 in der Form des
   § 1154 I, II (schriftlich oder durch Eintragung der Abtretung im
   Grundbuch).
2. Bei Buchhypothek (§ 1116 II): Eintragung des Erwerbers ins Grundbuch
   nach § 873 I Var.3 erforderlich (§ 1154 III).
   Bei Briefhypothek: Übergabe des Hypothekenbriefs, § 1117.
3. Berechtigung des Abtretenden
   a) Fehlt die Berechtigung bezüglich der Hypothek (d.h. Verfügender ist
      Forderungsinhaber, aber nicht Hypothekar), ist gutgläubiger Erwerb
      möglich, wenn
      - Verfügender als Hypothekar im Grundbuch eingetragen (§ 892 I) oder
        durch Kette beglaubigter Abtretungserklärungen ausgewiesen ist
        (§ 1155) und
      - der Erwerber weder Kenntnis von der Nichtberechtigung des
        Verfügenden hat noch ein Widerspruch eingetragen ist (§§ 892 I, 891).
   b) Fehlt die Berechtigung bezüglich der Hypothek und / oder der Forderung
      (d.h. Abtretender ist weder Forderungsinhaber noch Hypothekar bzw.
      Forderungsinhaber, aber nicht Hypothekar), ist gutgläubiger Erwerb der
      Hypothek (nicht der Forderung!) nach §§ 1138 Var.1, 892 I möglich, wenn
      der Erwerber bezüglich Forderung gutgläubig war, also nicht wusste,
      dass der Abtretende nicht Forderungsinhaber war.

Sachverhalt

Zaubermeister M ist in finanziellen Nöten. Trotzdem will er sich für seine Bühnenshow ein neues Bühnenbild leisten. Dafür benötigt er ein Darlehen in Höhe von 20000 Euro von der „Finanzhilfe GmbH", wirksam vertreten durch G. M und G einigen sich über das Darlehen. Es soll durch eine Briefhypothek am Firmengrundstück des M abgesichert werden. Die Valutierung des Kredits soll nach Bedarf erfolgen.

Die Hypothek wird am 24. Juli 2012 in das Grundbuch eingetragen. Die „Finanzhilfe GmbH" erhält den Brief. Am 1. August 2012 ruft M 10000 Euro ab. Sein erst halbfertiges Bühnenbild wird ein voller Erfolg. M erreicht neue Besucherrekorde. Den Rest des Kredits braucht er nicht.

Der „Finanzhilfe GmbH" geht es dagegen schlecht. Am 20. August 2012 tritt sie der B-Bank zur Sicherung für einen Kredit schriftlich die Hypothek ab. Den September erlebt die „Finanzhilfe GmbH" nicht mehr, sie wurde liquidiert.

Was kann die B-Bank von M verlangen?

Lösung

I. Anspruch der Bank gegen M auf Zahlung von 20000 Euro aus §§ 488 I 2, 398
Die B-Bank könnte gegen M einen Anspruch auf Zahlung von 20000 Euro gemäß §§ 488 I 2, 398 haben. Dazu müsste die B-Bank eine Forderung gegen M in dieser Höhe haben.

1. F könnte eine solche Forderung wirksam an die B-Bank gemäß § 398 in der Form des § 1154 I 1 abgetreten haben. Eine formwirksame Einigung über die Abtretung einer Darlehensforderung liegt vor. Zudem wurde der Hypothekenbrief von der „Finanzhilfe GmbH" an die B-Bank übergeben.

2. Die „Finanzhilfe GmbH" müsste zur Forderungsabtretung nach §§ 488 I 2, 398 berechtigt gewesen sein. Dazu müsste sie Inhaberin einer Forderung gegen M in Höhe von 20000 Euro gewesen sein.

a) Hierfür bedarf es eines Darlehensvertrages zwischen M und der „Finanzhilfe GmbH" nach § 488. Dieser Vertrag wurde wirksam geschlossen. Im August 2012 wurden 10000 Euro valutiert. Damit ist die „Finanzhilfe GmbH" in dieser Höhe Inhaberin einer Forderung geworden.

b) Die weiteren 10000 Euro sind nicht mehr an M ausgezahlt worden. Damit bestand am 20. August 2012 keine Forderung über 20000 Euro, sondern nur über 10000 Euro. Folglich war die „Finanzhilfe GmbH" hinsichtlich der nicht valutierten 10000 Euro nichtberechtigt.

c) Fraglich ist, ob die B-Bank bezüglich dieser restlichen 10000 Euro eine Forderung gutgläubig erworben hat. **Das BGB kennt den Forderungserwerb vom Nichtberechtigten kraft guten Glaubens nur in § 405 und § 2366.** Die Voraussetzung des § 405 ist, dass eine Schuldurkunde vorgelegt wird. Die „Finanzhilfe GmbH" legt eine solche Urkunde hier nicht vor. Folglich scheidet § 405 aus. Die B-Bank konnte nicht hinsichtlich der restlichen 10000 Euro die Forderung gutgläubig erwerben.

Ergebnis: Die B-Bank hat einen Anspruch gegen M auf Rückzahlung des Darlehens in Höhe von 10000 Euro aus §§ 488 I 2, 398.

II. Anspruch der Bank gegen M auf Duldung der Zwangsvollstreckung aus § 1147

Die B-Bank könnte gegen M einen Anspruch aus § 1147 auf Duldung der Zwangsvollstreckung in Höhe von 20000 Euro haben. Erforderlich ist, dass die B-Bank die am Firmengrundstück des M eingetragene Hypothek nach §§ 398, 1154 I 1, 1153, 401 erworben hat.

1. Eine wirksame Abtretung der hypothekarisch gesicherten Forderung seitens der „Finanzhilfe GmbH" an die B-Bank nach §§ 398, 1154 I liegt vor.

2. Die Hypothek müsste aber bei der „Finanzhilfe GmbH" zuvor nach §§ 873 I 1 Var.2, 1113 I, 1115 I, 1117 I entstanden sein. Dazu bedarf es zunächst einer Einigung zwischen M und der „Finanzhilfe GmbH" nach § 873 I 1 Var.2 mit dem Inhalt des § 1113. Nach § 1113 II kann eine Hypothek auch für künftige Forderungen bestellt werden. Eine Einigung über die Belastung des Grundstücks liegt zwischen M und G, der die „Finanzhilfe GmbH" wirksam gemäß § 35 I GmbHG vertritt, vor. Weiterhin bedarf es der Eintragung der Hypothek nach § 873 I 1 mit dem Inhalt des § 1115 I sowie der Briefübergabe nach § 1117 I. Beides ist geschehen.

3. Fraglich ist, ob die Fremdhypothek nur in Höhe von 10000 Euro entstanden ist. Aufgrund des Akzessorietätsprinzips kann eine Fremdhypothek nur in Höhe der zu sichernden Forderung entstehen. Ist die Forderung nicht in Höhe der eingetragenen Hypothek entstanden, so ist § 1163 I einschlägig. Danach ist die im Grundbuch eingetragene Hypothek – soweit sie keine bestehende Forderung sichert – als

Eigentümergrundschuld gemäß §§ 1163 I, 1177 I zu behandeln. Daraus folgt, dass die „Finanzhilfe GmbH" als Inhaber einer Forderung von 10000 Euro nur eine Fremdhypothek in dieser Höhe erwerben konnte. In Höhe der anderen 10000 Euro besteht folglich eine Eigentümergrundschuld des M. Die B-Bank konnte die Hypothek grundsätzlich also nur in Höhe von 10000 Euro erwerben.

4. In Betracht kommt aber ein **Erwerb der vollen Hypothek** in Höhe von 20000 Euro vom Nichtberechtigten seitens der B-Bank. Dies richtet sich nach §§ 1138, 892 I. Danach wird der gutgläubige Forderungserwerb fingiert, um so den gesetzlichen Erwerb der Hypothek gemäß § 1153 zu ermöglichen. Voraussetzung ist, dass die Tatbestandsmerkmale des § 892 I vorliegen.

a) Es handelt sich bei der Abtretung seitens der „Finanzhilfe GmbH" an die B-Bank um ein **Rechtsgeschäft gemäß § 892 I**. Zudem liegt mangels personeller oder wirtschaftlicher Identität der Parteien ein **Verkehrsgeschäft** vor.

b) Weiterhin müsste das **Grundbuch unrichtig** sein. Laut Grundbuch war die „Finanzhilfe GmbH" Inhaberin einer hypothekarisch gesicherten Forderung in Höhe von 20000 Euro. Tatsächlich beläuft sich die Forderung aber nur auf 10000 Euro. Das Grundbuch entspricht also nicht der wahren Rechtslage.

c) Die B-Bank müsste gemäß § 892 I 1 gutgläubig gewesen sein. Ihr durfte die Unrichtigkeit des Grundbuchs nicht bekannt gewesen sein. Die B-Bank wusste nichts von der Nichtberechtigung der „Finanzhilfe GmbH" in Höhe von 10000 Euro. Damit ist die B-Bank gutgläubig.

Also liegen die Voraussetzungen des § 892 I vor. Folglich wird der Forderungserwerb seitens der B-Bank gemäß § 1138 fingiert. Die Hypothek folgt gemäß § 1153, 401 nach. Damit konnte die B-Bank die Hypothek in voller Höhe (20000 Euro) erwerben.

Ergebnis: Die B-Bank hat gegen M einen Anspruch aus § 1147 auf Duldung der Zwangsvollstreckung in Höhe von 20000 Euro.

Sachverhalt

Der ehemalige Referendar R hat die „Referendarreisen-GmbH" (R-GmbH) gegründet. Das Unternehmen, bei dem er alleiniger Gesellschafter ist, bietet die Organisation von Bildungsfahrten in verschiedene europäische Städte an. Um den Laden im Griff zu haben, ist R persönlich Geschäftsführer. Zur Anschubfinanzierung hatte R einen Kredit bei der B-Bank erhalten, der noch nicht ganz abbezahlt ist. Zudem erhält er des Öfteren kurzfristige Darlehen, um laufende Kosten zu decken. Zur Sicherheit wurde – als Individualabrede – folgendes für alle laufenden und künftigen Ansprüche der B-Bank vereinbart:

„1. R und seine Frau F übernehmen eine persönliche gesamtschuldnerische Haftung bis zu 50000 Euro.

2. F bestellt der B-Bank zudem auf ihrem Privatgrundstück eine Buchhypothek in Höhe von 20000 Euro.

3. Ihr gemeinsamer volljähriger Sohn S übernimmt für die Verpflichtungen der R-GmbH eine selbstschuldnerische Bürgschaft in Höhe von 100000 Euro."

Alle Beteiligten stimmten der Vereinbarung zu. Das Interesse an Referendarreisen nimmt jedoch stark ab. Die R-GmbH kann die Kredite nicht zurückzahlen. Deswegen hält sich die B-Bank wegen verbliebener Ansprüche von 80000 Euro an S. S zahlt und verlangt nun von seiner Mutter Zahlung von 70000 Euro. Zu Recht?

Lösung

I. Anspruch des S gegen F aus § 1147
S könnte gegen seine Mutter F einen Anspruch auf Duldung der Zwangsvollstreckung in Höhe von 20000 Euro aus § 1147 haben.

1. Dazu müsste eine Hypothek an dem Grundstück entstanden sein. F hatte der B-Bank eine solche Hypothek in Höhe von 20000 Euro bestellt.

2. Weiterhin müsste nun S Gläubiger dieser Hypothek sein. In Betracht kommt ein **Erwerb der Hypothek** durch S. Dieser Erwerb könnte gemäß § 774 I eingetreten sein, als S die Schulden der R-GmbH bei der B-Bank aufgrund seiner Bürgschaft tilgte. Indem er zahlte, erwarb S den Anspruch gegen F auf Rückzahlung des Darlehens aus § 488 I. Weiterhin gehen beim gesetzlichen Forderungsübergang nach § 774 I 1 die für die Hauptschuld bestellten weiteren Sicherheiten auf den in Anspruch genommenen Sicherungsgeber über (§§ 412, 401 I). Diese weitere Sicherheit stellt hier die Hypothek dar. Folglich wäre S Gläubiger der Hypothek.

3. Problematisch könnte aber sein, dass bei dieser dogmatischen Konstellation ein „**Regresswettlauf**" entsteht. Wenn F statt S die verbliebenen Ansprüche der Bank in Höhe von 80000 Euro beglichen hätte, hätte sie S in Regress nehmen können (§§ 1143 I 2, 774 I 1, 412, 401 I). Im Ergebnis wäre folglich derjenige Sicherungsgeber im Vorteil, der zuerst bezahlt. Diese Lösung ist nicht sachgerecht, da oft der **Zufall** bestimmt, wer zuerst zahlt. Der andere würde dann keinen Regressanspruch haben und auf den Schulden sitzen bleiben.

Aufgrund der Gleichstufigkeit der Sicherungsmittel „Bürgschaft" und „Hypothek" sollte man deshalb §§ 769, 774 II, 426 nicht nur für Mitbürgen, sondern **auch für gleichstufig Mithaftende anwenden**. Folglich erwirbt, wer zuerst zahlt, das andere Sicherungsrecht im Zweifel zur Hälfte. Somit wird das Risiko des Rückgriffs gegen den Hauptschuldner unter den Sicherungsgebern angemessen verteilt. Im Ergebnis hat S die Hypothek nach §§ 774 I 1, 412, 401 I nur hälftig erworben (§ 426 I 1 analog).

Ergebnis: S hat gegen F einen Anspruch in Höhe von 10000 Euro aus § 1147 auf Duldung der Zwangsvollstreckung.

II. Anspruch des S gegen seine Mutter F auf Zahlung von 50000 Euro aus §§ 488 I 2, 421, 427 i.V.m. 774 I 1

S könnte gegen F einen Anspruch in Höhe von 50000 Euro aus §§ 488 I 2, 421, 427 i.V.m. 774 I 1 haben.

1. Dazu müsste S Gläubiger der F wegen der von ihr eingegangenen gesamtschuldnerischen Verpflichtung sein. Problematisch ist, dass F diese Verpflichtung gegenüber der B-Bank, also nicht gegenüber S, eingegangen ist. S könnte jedoch den Anspruch der B-Bank durch seine Tilgung der Ansprüche nach § 774 I 1 erlangt haben. Dafür müsste sich S auch für die Verpflichtung der F aus §§ 488 I 2, 421, 427 verbürgt haben. Hier hat sich S aber nur für die R-GmbH verpflichtet, folglich nur für die Verbindlichkeit eines Gesamtschuldners. Damit tilgte S durch seine Zahlung an die B-Bank nur Verbindlichkeiten dieses einen Gesamtschuldners, der R-GmbH.

2. Fraglich ist, ob S die F für die Zahlung nach § 426 in Regress nehmen kann. Dies hängt davon ab, ob auch die R-GmbH bei R und F nach § 426 Rückgriff hätte nehmen können. Ursprünglich entstand die Schuld bei der R-GmbH. Sie hätte folglich nach § 426 II keinen Rückgriff bei R und F nehmen können. Damit kann auch S keine Regressansprüche gegen F geltend machen.

Ergebnis: S hat gegen F keinen Anspruch in Höhe von 50000 Euro aus §§ 488 I 2, 421, 427 i.V.m. 774 I 1.

Sachverhalt

Kleingärtner K besitzt ein Wochenendhaus auf einer ihm gehörenden Parzelle in einer Gartenkolonie im Süden Berlins. Für diese „Laube" wünscht er sich im April 2016 eine neue Innenverkleidung aus Holz. Werkunternehmer W wird mit der Aufgabe betraut. Zur Sicherung seiner Werklohnforderung lässt sich W eine Hypothek an der „Laube" bestellen und den Hypothekenbrief übergeben. Im Gegenzug zeigt sich W einverstanden, dass K die Arbeiten erst im September 2016 vergütet.

Nachdem W seine Arbeiten ordnungsgemäß ausgeführt und K die Arbeiten abgenommen hat, bekommt W die schlechte Wirtschaftslage zu spüren. Deshalb verkauft er die Hypothek im Mai 2016 an G. G weiß nichts von der Zahlungsvereinbarung zwischen K und W.

Kann G die vereinbarte Vergütung von K schon im Juni 2016 verlangen? Könnte G die Duldung der Zwangsvollstreckung verlangen?

Lösung

I. Anspruch des G gegen K auf Vergütung der Werkleistung „neue Inneneinrichtung" aus §§ 631 I, 398.

G könnte gegen K einen Anspruch aus §§ 631 I, 398 auf Vergütung der Werkleistung „neue Innenverkleidung" haben.

1. Dazu müsste ursprünglich ein Werkvertrag zwischen K und W nach § 631 I geschlossen worden sein. Hier wurde eine entsprechende Vereinbarung im April 2016 geschlossen. Damit ist ein **Vergütungsanspruch** des W gegen K aus § 631 I entstanden. Er ist auch gemäß § 641 I 1 fällig, indem K die Arbeiten abnahm.

2. Dieser Anspruch könnte nach §§ 1154 I i.V.m. 398 auf G übergegangen sein. Laut Sachverhalt „verkauft W die Hypothek an G". **Damit ist die Veräußerung der hypothekarisch gesicherten Forderung gemeint.** Dies erfolgte vom Berechtigten W als Abtretung nach §§ 1154 I i.V.m. 398 an G. Damit ist der Vergütungsanspruch auf G übergegangen.

3. Problematisch ist aber, dass sich W im April 2016 damit einverstanden erklärte, den Werklohn erst im September 2016 zu erhalten. Damit hat W die Zahlung K für fünf Monate gestundet. Folglich kann K die Zahlung bis September 2016 verweigern. Dies gilt auch gegenüber G, der die Forderung erworben hat, wie sie bestand (§ 404). Einen gutgläubigen Erwerb einer Forderung gibt es nur in den Fällen der hier nicht einschlägigen §§ 405 und 2366. Folglich kann G den Vergütungsanspruch gegen K aus §§ 631 I, 398 bis September 2016 nicht geltend machen.

Ergebnis: G hat gegen K einen Anspruch aus §§ 631 I, 398 auf Vergütung der Werkleistung „neue Inneneinrichtung". Dieser Anspruch ist jedoch erst im September 2016 durchsetzbar.

II. Anspruch des G gegen K auf Duldung der Zwangsvollstreckung aus § 1147.

G könnte gegen K einen Anspruch aus § 1147 auf Duldung der Zwangsvollstreckung haben.

1. Dazu müsste G Inhaber einer Briefhypothek sein.

a) Damit G Inhaber werden konnte, musste zunächst W die **Hypothek erworben** haben. W könnte die Briefhypothek vom Berechtigten K nach §§ 873 I 1 Var.2 mit dem Inhalt des § 1113 I erworben haben. Eine entsprechende Einigung zwischen beiden liegt vor. Von einer Eintragung der Einigung im Grundbuch nach § 873 I 1 mit dem Inhalt des § 1115 I ist auszugehen. Der Hypothekenbrief wurde gemäß § 1117 I 1 übergeben. Zudem besteht die Werklohnforderung des W gegen K. Folglich liegen alle Voraussetzungen für einen Erwerb der Hypothek seitens des W von K nach §§ 873 I Var.2, 1113 I vor.

b) Schließlich müsste G die Hypothek von W nach §§ 398, 1154 I 1, 1153 I, 401 **durch Abtretung der hypothekarisch gesicherten Forderung erlangt** haben. Zwar wurde von den Beteiligten der „Verkauf der Hypothek" vereinbart. Bei ihnen als Rechtslaien ist aber auf das tatsächlich Gewollte (§§ 133, 157) abzustellen. Rechtlich gewollt war die Abtretung der hypothekarisch gesicherten Werklohnforderung. Dazu war W berechtigt. Damit hat G die Hypothek nach §§ 398, 1154 I 1, 1153 I, 401 erlangt.

G ist demnach Inhaber der Briefhypothek.

2. Fraglich ist, ob K die Einrede der Stundung geltend machen kann. Gemäß § 1137 I kann der Eigentümer gegen die Hypothek die dem **persönlichen Schuldner** zustehenden Einreden **geltend** machen. Für den vorliegenden Fall bedeutet dies, dass K die Einrede der Stundung gegenüber dem Anspruch des G wirksam erheben kann. Damit kann er grundsätzlich die Zahlung bis zum vereinbarten Termin im September 2016 verweigern.

3. Zu beachten ist jedoch, dass gemäß § 1138 die Vorschriften über den gutgläubigen Erwerb auch auf § 1137 I Anwendung finden. Folglich könnte K die Einrede der Stundung nicht gegen G erheben, wenn G die Hypothek gutgläubig nach §§ 1138 i.V.m. 892 I 1 erworben hat.

Für einen gutgläubigen Erwerb ist zunächst die Unrichtigkeit des Grundbuchs Voraussetzung. Hier wurde die Stundungsvereinbarung nicht in das Grundbuch eingetragen. Es liegt also **tatsächlich eine einredebehaftete hypothekarisch gesicherte Forderung vor**, während das Grundbuch von Einredefreiheit ausgeht. Damit ist das Grundbuch unrichtig. G müsste gemäß § 892 I 1 gutgläubig gewesen sein. Nach § 891 II wird zu seinen Gunsten vermutet, dass ein nicht eingetragenes Recht auch nicht besteht (negative Publizität). G darf aber nicht bekannt gewesen sein, dass eine Stundung vereinbart worden ist. G wusste nichts über die Einrede der Stundung und war folglich gemäß § 892 I 1 gutgläubig. Damit konnte G gutgläubig eine einredefreie Hypothek nach §§ 1138 i.V.m. 892 I 1 erwerben.

G ist folglich Inhaber der Briefhypothek.

Ergebnis: Damit hat G gegen K einen Anspruch aus § 1147 auf Duldung der Zwangsvollstreckung.

IV. Grundschuld

Bestellung einer Grundschuld (Ersterwerb)

1. Einigung gemäß § 873 I Var.2 mit dem Inhalt des § 1191 (evtl. § 1116 II).
2. Eintragung gemäß § 873 I mit dem Inhalt der §§ 1192 I, 1115 I.
3. Briefgrundschuld: Übergabe des Briefes, §§ 1192 I, 1117.
   Buchgrundschuld: Eintragung des Ausschlusses nach §§ 1192 I, 1116 II 1.
4. Einigsein bei Eintragung, § 873 II.
5. Berechtigung des Bestellers.

Fehlt die Berechtigung, ist gutgläubiger Erwerb möglich, wenn
   - Verfügender als Eigentümer im Grundbuch eingetragen ist (§ 892 I) und
   - der Erwerber weder Kenntnis von der Nichtberechtigung des
     Veräußerers hat noch ein Widerspruch eingetragen ist (§§ 892 I, 891).

Übertragung einer Grundschuld (Zweiterwerb)

1. Abtretung der Grundschuld gemäß §§ 413, 398 in der Form des §§ 1192 I, 1154 I, II (schriftlich oder Eintragung der Abtretung im Grundbuch).
2. Bei Buchgrundschuld (§§ 1192, 1116 II): Eintragung des Erwerbers ins Grundbuch nach § 873 I Var.3 erforderlich (§§ 1192 I, 1154 III).
   Bei Briefgrundschuld: Übergabe des Grundschuldbriefs, §§ 1192 I, 1117.
3. Berechtigung des Abtretenden.

Fehlt die Berechtigung, ist gutgläubiger Erwerb möglich, wenn
   - Verfügender als Eigentümer im Grundbuch eingetragen (§ 892 I) oder
     durch Kette beglaubigter Abtretungserklärungen ausgewiesen ist
     (§ 1155) und
   - der Erwerber weder Kenntnis von der Nichtberechtigung des
     Veräußerers hat noch ein Widerspruch eingetragen ist (§§ 892 I, 891).

Sachverhalt

S möchte einen Spielwarenladen eröffnen. Für die notwendigen Umbauten an ihrem Haus benötigt sie 50000 Euro. Dieses Geld soll ihr von der „Finanzierungs-GmbH" (F) zur Verfügung gestellt werden. F verlangt aber für das Darlehen mit 5jähriger Laufzeit und 10% Zinsen eine Briefgrundschuld über die gleiche Summe. S akzeptiert dies. Die Grundschuld wird im Grundbuch eingetragen, F erhält am 20. August den Brief.

Aufgrund der schwierigen Wirtschaftslage muss F, um ihre Liquidität zu verbessern, die Sicherungsgrundschuld am 1. September schriftlich an die B-Bank abtreten. Nach der Valutierung der Grundschuld fragte die B-Bank die F nicht. Am 1. Oktober wird F insolvent. Von dem zugesagten Geld hat S nie etwas gesehen. Umso mehr verwundert es S, dass die B-Bank am 15. Oktober aus der Grundschuld gegen sie vollstrecken möchte.
Kann die B-Bank erfolgreich vollstrecken?

Lösung

Anspruch der B-Bank gegen S auf Duldung der Zwangsvollstreckung nach §§ 1192 I i.V.m. 1147

Die B-Bank könnte von S die Duldung der Zwangsvollstreckung nach §§ 1192 I i.V.m. 1147 verlangen.

1. Dazu müsste die Grundschuld am Grundstück der S bestellt worden sein. S und F hatten sich gemäß §§ 873, 1191 I über die Bestellung der Grundschuld geeinigt. Die Eintragung ins Grundbuch ist erfolgt (§§ 873, 1191 I i.V.m. 1115 I). Ferner ist der Grundschuldbrief nach §§ 1191 I i.V.m. 1117 I 1 übergeben worden. Damit war die Grundschuld ursprünglich entstanden.

2. Fraglich ist, ob die B-Bank die Grundschuld von F wirksam erworben hat. In Betracht kommt eine Abtretung nach §§ 1192 I i.V.m. 1154 I 1, 1117 I. Eine Einigung liegt vor. Auch die Schriftform (§§ 1192 I, 1154 I 1) ist für die Abtretungserklärung eingehalten. Problematisch ist aber, ob F zum Zeitpunkt der Abtretung Inhaberin der Grundschuld war.

a) Möglicherweise ist die Grundschuld aufgrund der unterlassenen Darlehenszahlung seitens F nicht als Fremdgrundschuld der F, sondern als Eigentümergrundschuld der S entstanden. Läge eine Hypothek vor, entstünde beim Fehlen der zu sichernden Forderung gemäß §§ 1163 I 1, 1177 I eine verdeckte Eigentümergrundschuld. Fraglich ist, ob § 1163 I 1 auf die Grundschuld entsprechend angewandt werden muss.

aa) Dafür spricht, dass § 1163 I 1 den allgemeinen Grundsatz betont, dass im Fall des Wegfalls des Gläubigerrechts **das Rangrecht zugunsten des Eigentümers aufrechtzuerhalten** ist. Dieses Prinzip muss für alle Grundpfandrechte gleichermaßen gelten – also auch für die vorliegende Grundschuld.

bb) Dagegen spricht aber, dass bei der Grundschuld **gerade keine Akzessorietät** zwischen Forderung und zu sicherndem Recht vorliegt. Die Grundschuld hängt nicht von der Existenz einer Forderung ab. Deshalb kann § 1163 I 1 keine Anwendung finden.

b) Folglich ist keine Eigentümergrundschuld zugunsten S entstanden. Es liegt vielmehr eine Fremdgrundschuld der F vor. Damit war F zum Zeitpunkt der Abtretungserklärung Inhaberin der Grundschuld. F hat die Grundschuld folglich wirksam an die B-Bank abgetreten nach §§ 1192 I i.V.m. 1154 I, 1117 I, 398, 413.

3. Möglicherweise steht S aber eine Einrede gegen die Grundschuld zu, weshalb sie die Zwangsvollstreckung in ihr Grundstück, §§ 1192 I i.V.m. 1147, nicht zu dulden brauchte.

a) S könnte sich darauf berufen, dass die Grundschuldgläubigerin – ursprünglich F – nach dem Inhalt der Sicherungsabrede zur Verwertung der Grundschuld **noch nicht berechtigt** war. Aufgrund der Sicherungsabrede hat der Besteller der Grundschuld, hier S, einen Anspruch gegen den Sicherungsnehmer, dass dieser die Grundschuld nur im Falle der Nichterfüllung der durch die Grundschuld gesicherten Forderung geltend macht. Dieser Anspruch auf Nicht-Geltendmachung im Fall einer nicht valutierten Grundschuld ergibt sich aus §§ 1191 I, 1192 I i.V.m. 1157.

b) Fraglich ist aber, ob S diese Einrede auch gegen die B-Bank geltend machen kann. Mit der B-Bank hat S keine Sicherungsabrede geschlossen. Allerdings ergibt sich möglicherweise aus §§ 1192 I i.V.m. 1157, dass **auch dem Zessionar** der Grundschuld die Einrede entgegengehalten werden kann. Auf jeden Fall ist § 1157 nach § 1192 I auf die Grundschuld anwendbar.

c) Allerdings dürfte die B-Bank die Grundschuld nicht nach §§ 1192 I i.V.m. 1157 S.2, 892 I 1 kraft guten Glaubens einredefrei erworben haben. Hier hat die B-Bank beim Erwerb der Grundschuld keine positive Kenntnis von der Nichtvalutierung der Grundschuld, also der Nichtauszahlung des Darlehens, gehabt. Möglicherweise hat die B-Bank das Bestehen der Einrede der Nichtvalutierung **„billigend in Kauf genommen"**. Sie hat sich, obwohl sie um die Kenntnis des Sicherungscharakters der Grundschuld wusste, nicht über die Valutierung informiert. Jedoch macht ein solcher **„dolus eventualis"** den Erwerber noch nicht gemäß § 892 I 1 unredlich.

Zwar kennt die B-Bank die mögliche Existenz von Einreden dem Grunde nach. Jedoch lässt sich aus dem Charakter einer Grundschuld als Sicherungsgrundschuld nicht zwingend auf die tatsächliche Existenz von Einreden schließen. Eine solche Einrede besteht zum Beispiel jedenfalls dann nicht, wenn bereits die Fälligkeit der gesicherten Forderung eingetreten ist. Gegen die Annahme von „dolus eventualis" zur Bestimmung der Unredlichkeit spricht auch, dass **die Grundschuld dann einen Teil ihrer Verkehrsfähigkeit einbüßt**. Sinn der nichtakzessorischen Grundschuld ist es aber gerade, dass sie leicht verkehrsfähig ist.

§ 1157 S. 2 ist allerdings nicht anwendbar, sofern die Einreden aus dem Sicherungsvertrag resultieren (§ 1192 I a S.1). Dies ist hier allerdings gerade der Fall. Die B-Bank konnte damit die Grundschuld wegen § 1192 I a S.1 nicht nach §§ 1192 I i.V.m. 1157 S.2, 892 kraft guten Glaubens einredefrei erwerben.

Damit kann S die Einrede gegen die B-Bank geltend machen.

Ergebnis: Die B-Bank kann nicht von S die Duldung der Zwangsvollstreckung nach §§ 1192 I i.V.m. 1147 verlangen.

Sachverhalt

Für die Gründung seiner Rechtsanwaltskanzlei benötigt C einen Kredit der B-Bank in Höhe von 40000 Euro. Die B-Bank besteht zur Sicherung auf Bestellung einer Briefgrundschuld am Grundstück des C. Eine entsprechende Abrede wird geschlossen. Noch vor Gründung der Kanzlei kann C die ersten Mandanten, gefeuerte Medienwissenschaftler aus Hannover, akquirieren. Deshalb ruft er nur 20000 Euro als Kreditsumme ab. Recht bald stellen sich bei C Erfolge ein. Er zahlt die 20000 Euro zurück.

Was raten Sie C, wie er mit der Grundschuld verfahren soll? Berücksichtigen Sie dabei auch wirtschaftliche Gesichtspunkte und gehen Sie davon aus, dass zwei nachrangige Belastungen anderer Kreditgeber existieren.

Lösung

C könnte die Grundschuld möglicherweise anderweitig verwerten.

I. Umwandlung in eine Eigentümergrundschuld? Für eine eigene Verwertung müsste sich die Grundschuld nach Rückzahlung des Kredits gemäß §§ 1163 I 2, 1177 in eine Eigentümergrundschuld umgewandelt haben.

1. Anders als bei der akzessorischen Hypothek findet § 1163 bei der Grundschuld jedoch keine Anwendung (§ 1192 I) [*siehe zur ausführlichen Darstellung dieses Problems Fall 23; auf eine Wiederholung der Darstellung wurde aus Platzgründen verzichtet*]. Folglich wandelt sich die Sicherungsgrundschuld nach Rückzahlung des Kredits **nicht automatisch** in eine Eigentümergrundschuld um.

2. Die Grundschuld selbst hat allerdings den Inhalt, dass eine bestimmte Geldsumme aus dem Grundstück zu zahlen ist, § 1191 I. Deshalb kann die Zahlung des C in Höhe von 20000 Euro auch auf die Grundschuld erfolgt sein. Hätte C auf die Grundschuld geleistet, wäre in der genannten Höhe aus der Fremdgrundschuld eine Eigentümergrundschuld geworden gemäß §§ 1192 I, 1163 I 2 analog, 1177. Dann könnte C die Erteilung eines Teilgrundschuldbriefes nach §§ 1192, 1145 I 2 verlangen.

Nur bei einer Zahlung auf die Grundschuld könnte folglich eine Eigentümergrundschuld entstanden sein. Ob auf die Forderung oder auf die Grundschuld gezahlt wird, bestimmt grundsätzlich – nach dem Rechtsgedanken des § 366 I – der **Leistende**, hier C.

Eine ausdrückliche Bestimmung des C liegt nicht vor. Auch über eine Vereinbarung in der geschlossenen Sicherungsabrede ist nichts bekannt. Folglich muss die durch C konkludent getroffene Tilgungsbestimmung **aus objektiver Sicht bestimmt** werden. Zum Zeitpunkt der Rückzahlung wusste C, dass er – aufgrund seiner Erfolge – den Kredit nicht mehr benötigt. Daraus lässt sich schließen, dass C zur Beendigung des Kreditverhältnisses geleistet hat. Jedoch wusste die B-Bank nichts davon. In ihrem Interesse liegt es, die Grundschuld für C in voller Höhe bestehen zu lassen. Möchte C das Kreditverhältnis beenden oder auf die Grundschuld leisten, muss er dies ausdrücklich kundtun. Andernfalls ist bei objektiver Betrachtung von **einer Leistung auf die Forderung** auszugehen. Dafür spricht auch, dass die Erstellung eines Teilgrundschuldbriefes (§ 1145 I 2) aufwendig beim Grundbuchamt zu beantragen ist.

Die Rückzahlung der 20000 Euro durch C war also auf Tilgung der Forderung gerichtet. Die Fremdgrundschuld hat sich folglich nicht in eine Eigentümergrundschuld verwandelt. Eine eigene Verwertung des C kommt folglich nicht in Betracht.

II. Rückgewähranspruch des C? C könnte jedoch einen Anspruch auf Rückgewähr der Grundschuld aus der Sicherungsabrede haben.

1. Diese zwischen C und der B-Bank getroffene Abrede stellt sich als Rechtsgrund für die Grundschuldbestellung dar. C möchte das Kreditverhältnis hier beenden. Nach einer entsprechenden Erklärung gegenüber der B-Bank ist diese verpflichtet, die Grundschuld zurück zu gewähren. Folglich hat C gegen die B-Bank einen Anspruch auf Rückgewähr der Grundschuld aus der Sicherungsabrede.

2. Fraglich ist, in welcher Form C Rückgewähr verlangen sollte. In Betracht kommen nach Wahl des Grundschuldbestellers (§ 262), hier also des C:
- **Abtretung der Grundschuld an C** (§ 1192 I i.V.m. § 1154),
- **Verzicht der B-Bank auf die Grundschuld** (§ 1192 I i.V.m. § 1168),
- **Aufhebung** nach §§ 875, 876, 1183.

Wirtschaftlicher Vorteil bei Abtretung und Verzicht ist, dass der Rang gewahrt bleibt. Jedoch haben die beiden nachrangigen Kreditgeber einen Löschungsanspruch nach § 1179a. Das Entstehen des Löschungsanspruchs kann dadurch verhindert werden, dass sich Eigentum und Grundschuld nicht in einer Person vereinigen. Dies lässt sich dadurch erreichen, dass C den Rückgewähranspruch an einen weiteren Kreditgeber abtritt und in Erfüllung des abgetretenen Rückgewähranspruchs die Grundschuld von der B-Bank an den neuen Kreditgeber abgetreten wird.

Die dritte Variante, die Aufhebung nach §§ 875, 876, 1183 ist dagegen wirtschaftlich nicht sinnvoll. Sie hat zur Folge, dass der Rang frei wird und die beiden nachrangigen Belastungen aufrücken.

Ergebnis: C sollte von der B-Bank also Abtretung an einen Dritten nach §§ 1192 I i.V.m. 1154 I verlangen.

Sachverhalt

Für die notwendigen Umbauten an ihrem Haus benötigt S 50000 Euro. Dieses Geld soll ihr von der B-Bank bereitgestellt werden. Im Büro der B-Bank unterschreibt S eine schriftlich fixierte Sicherungsabrede. Die Bank hat entsprechende Erklärungen formularmäßig vorbereitet. Darin ist auch folgender, nicht besonders hervorgehobener, Absatz zu finden:

„XXXI. Die Sicherungsgrundschuld erstreckt sich auch auf alle gegenwärtigen und künftigen Ansprüche der B-Bank gegen S bis zu 50000 Euro."

Nachdem S ihren Kredit am 1. August zurückgezahlt hat, verlangt sie am 1. Dezember Rückübertragung der Grundschuld. Die B-Bank verweist dagegen auf einen am 1. September bewilligten Kredit, der nun von der Grundschuld erfasst sei. Kann S die Rückübertragung der Grundschuld fordern?

Lösung

Anspruch der S auf Rückübertragung der Grundschuld aus §§ 1192 I i.V.m. 1164 I

S könnte gegen die B-Bank einen Anspruch auf Rückübertragung der Grundschuld aus §§ 1192 I i.V.m. 1164 I haben. Dazu müsste die Klausel des Vertrages „XXXI." zunächst unwirksam sein.

1. Der Vertrag wurde wirksam geschlossen. Fraglich ist aber, ob die Klausel XXXI. **gegen Regelungen zum Gebrauch allgemeiner Geschäftsbedingungen (AGB) verstößt**.

a) Dazu müsste zunächst der Anwendungsbereich der Vorschriften der §§ 305 – 310 eröffnet sein. Es müssten allgemeine Geschäftsbedingungen nach § 305 I 1 vorliegen. Erforderlich sind dafür vorformulierte Vertragsbedingungen, die vom Verwender gestellt werden. Hier hat die B-Bank entsprechende Erklärungen formularmäßig vorbereitet. Diese Formulare werden auch für eine Vielzahl von Fällen eingesetzt. Ein individuelles Aushandeln der Bedingungen gemäß § 305 I 3 liegt zwischen S und der B-Bank nicht vor. **Damit liegen hier AGB vor**. Der Anwendungsbereich der Vorschriften der §§ 305 – 310 ist eröffnet.

b) Weiterhin müssten die AGB nach § 305 II in den Vertrag einbezogen sein. Hier ist die Klausel XXXI. Teil des schriftlich formulierten Vertrages. Durch ihre Unterschrift erklärt sich S gemäß § 305 II a.E. mit der Geltung einverstanden. Folglich sind die AGB in den Vertrag einbezogen.

c) Ferner darf die Klausel XXXI. nach § 305 c **nicht überraschend** sein. Überraschend ist eine Klausel, wenn sie von den Erwartungen des Vertragspartners deutlich abweicht und dieser mit ihr den Umständen nach vernünftigerweise nicht zu rechnen brauchte. Nach ständiger Rechtsprechung des BGH ist dies bei einer Sicherungszweckerklärung der Fall, wenn die formularmäßige Haftungsausdehnung über den Anlass des Sicherungsvertrages hinaus auf alle gegenwärtigen und zukünftigen Verbindlichkeiten eines Dritten erstreckt wird, ohne dass der Sicherungsgeber darauf drucktechnisch oder mündlich besonders hingewiesen worden ist (sog. „**Anlassrechtsprechung**" des BGH).

Fraglich ist hier, ob diese Rechtsprechung, die sich auf Haftungen für Dritte bezieht, auch **auf eine Haftung in eigener Person übertragen** werden kann. Dagegen spricht, dass man die eigenen Belastungen jederzeit überblicken kann. Die Gefahr einer uferlosen Haftungsausweitung durch eine formularmäßige Erstreckung auf alle gegenwärtigen und künftigen Forderungen ergibt sich hier nicht. Folglich ist die Klausel nicht nach § 305 c überraschend.

d) Eine Individualabrede, die gemäß § 305 b vorrangig wäre, liegt nicht vor.

e) Eine unangemessene Benachteiligung nach §§ 309, 308 oder 307 (**Inhaltskontrolle**) liegt nicht vor.

2. Die Klausel XXXI. des Vertrages ist wirksam.

[Käme man zum gegenteiligen Ergebnis, wäre nun auf § 306 einzugehen. Die Klausel XXXI. wäre unwirksam und nichtig. Im Übrigen bliebe der Vertrag unberührt. Die auftretende Lücke müsste mittels ergänzender Vertragsauslegung (§§ 133, 157) geschlossen werden. Der Vertrag zwischen S und der B-Bank wäre in der Form aufrechtzuerhalten, dass an die Stelle der unwirksamen Klausel die auf die Sicherung des ersten Kredits beschränkte Abrede tritt. S könnte dann von der B-Bank die Rückübertragung der Grundschuld fordern.]

Ergebnis: S hat gegen die B-Bank keinen Anspruch auf Rückübertragung der Grundschuld aus §§ 1192 I i.V.m. 1164 I.